Todos los libros de Linkgua Ediciones cuentan con modelos de Inteligencia Artificial entrenados por hispanistas. Pregúntale al chat de tu libro lo que desees acerca de la obra o su autor/a.

Para **ebooks**: Accede a nuestro modelo de IA a través de este enlace.

Para **libros impresos**: Escanea el código QR de la portada con tu dispositivo móvil.

Obtén análisis detallados de nuestros libros, resúmenes, respuestas a tus preguntas y accede a nuestras ediciones críticas generativas para una experiencia de lectura más enriquecedora.
La transparencia y el respeto hacia la autoría de las fuentes utilizadas son distintivos básicos de nuestro proyecto. Por ello, las respuestas ofrecen, mediante un sistema de citas, las fuentes con las que han sido elaboradas.

Ernesto Che Guevara

La guerra de guerrillas

Barcelona 2024
Linkgua-ediciones.com

Créditos

Título original: La guerra de guerrillas.

© 2024, Red ediciones S.L.

e-mail: info@linkgua.com

Diseño de cubierta: Michel Mallard.

ISBN rústica ilustrada: 978-84-1126-971-1.
ISBN tapa dura: 978-84-1126-179-1.
ISBN ebook: 978-84-9953-867-9.

Sumario

Brevísima presentación

La guerra de guerrillas fue publicado en Cuba en 1960. Es un manual que mezcla la teoría guevarista del foquismo con la experiencia guerrillera cubana. El Che Guevara pretendió con este libro que las guerrillas marxistas encontrasen enseñanzas aplicables en los territorios en que operaban (América Latina, África o Asia).
La guerra de guerrillas fue traducida al inglés y el portugués por la CIA y fue utilizada por las fuerzas contrainsurgentes de la Escuela de las Américas.

Guevara afirmó que *La guerra de guerrillas* era un método útil contra gobiernos dictatoriales aunque recomendó agotar antes las posibilidades de lucha legal.

A Camilo

Este trabajo pretende colocarse bajo la advocación de Camilo Cienfuegos,[1] quien debía leerlo y corregirlo pero cuyo destino le ha impedido esa tarea.

Todas estas líneas y las que siguen pueden considerarse como un homenaje del Ejército rebelde a su gran Capitán, al más grande jefe de guerrillas que dio esta revolución, al revolucionario sin tacha y al amigo fraterno.

Camilo fue el compañero de cien batallas, el hombre de confianza de Fidel[2] en los momentos difíciles de la guerra y el luchador abnegado que hizo siempre del sacrificio un instrumento para templar su carácter y forjar el de la tropa.

Creo que él hubiera aprobado este manual donde se sintetizan nuestras experiencias guerrilleras, porque son el producto de la vida misma, pero él le dio a la armazón de letras aquí expuesta la vitalidad esencial de su temperamento, de su inteligencia y de su audacia, que solo se logran en tan exacta medida en ciertos personajes de la Historia.

Pero no hay que ver a Camilo como un héroe aislado realizando hazañas maravillosas al solo impulso de su genio sino como una parte misma del pueblo que lo formó, como forma sus héroes, sus mártires o sus conductores en la selección inmensa de la lucha, con la rigidez de las condiciones bajo las cuales se efectuó. No sé si Camilo conocía la máxima de Dantón sobre los movimientos revolucionarios, «audacia, audacia y más audacia»; de todas maneras, la practicó

1 Camilo Cienfuegos (La Habana, 6 de febrero de 1932-28 de octubre de 1959) fue un líder de la revolución cubana de 1959. (*N. del E.*)

2 Fidel Alejandro Castro Ruz, conocido como Fidel Castro (Birán, Holguín, 13 de agosto de 1926) tuvo el poder en Cuba entre 1959 y 2008. (*N. del E.*)

con su acción, dándole además el condimento de las otras condiciones necesarias al guerrillero: el análisis preciso y rápido de la situación y la meditación anticipada sobre los problemas a resolver en el futuro.

Aunque estas líneas, que sirven de homenaje personal y de todo un pueblo a nuestro héroe, no tienen el objeto de hacer su biografía o de relatar sus anécdotas, Camilo era hombre de ellas, de mil anécdotas, las creaba a su paso con naturalidad. Es que unía a su desenvoltura y a su aprecio por el pueblo, su personalidad; eso que a veces se olvida y se desconoce, eso que imprimía el sello de Camilo a todo lo que le pertenecía: el distintivo precioso que tan pocos hombres alcanzan de dejar marcado lo suyo en cada acción.

Ya lo dijo Fidel: no tenía la cultura de los libros, tenía la inteligencia natural del pueblo, que lo había elegido entre miles para ponerlo en el lugar privilegiado a donde llegó, con golpes de audacia, con tesón, con inteligencia y devoción sin pares.

Camilo practicaba la lealtad como una religión; era devoto de ella; tanto de la lealtad personal hacia Fidel, que encarna como nadie la voluntad del pueblo, como la de ese mismo pueblo; pueblo y Fidel marchan unidos y así marchaban las devociones del guerrillero invicto.

¿Quién lo mató?

Podríamos mejor preguntarnos: ¿quién liquidó su ser físico? porque la vida de los hombres como él tiene su más allá en el pueblo; no acaba mientras éste no lo ordene.

Lo mató el enemigo, lo mató porque quería su muerte, lo mató porque no hay aviones seguros, porque los pilotos no pueden adquirir toda la experiencia necesaria, porque, sobrecargado de trabajo, quería estar en pocas horas en La Habana... y lo mató su carácter. Camilo, no medía el peligro, lo utilizaba como una diversión, jugaba con él, lo toreaba, lo atraía y lo manejaba; en su mentalidad de guerrillero no podía una nube detener o torcer una línea trazada.

Fue allí, cuando todo un pueblo lo conocía, lo admiraba y lo quería; pudo haber sido antes y su historia sería la simple de un capitán guerrillero.

Habrá muchos Camilos, dijo Fidel; y hubo Camilos, puedo agregar, Camilos que acabaron su vida antes de completar el ciclo magnífico que él ha cerrado para entrar en la Historia. Camilo y los otros Camilos (los que no llegaron y los que vendrán), son el índice de las fuerzas del pueblo, son la expresión más alta de lo que puede llegar a dar una nación, en pie de guerra para la defensa de sus ideales más puros y con la fe puesta en la consecución de sus metas más nobles.

No vamos a encasillarlo, para aprisionarlo en moldes, es decir matarlo. Dejémoslo así, en líneas generales, sin ponerle ribetes precisos a su ideología socio-económica que no estaba perfectamente definida; recalquemos sí, que no ha habido en esta guerra de liberación un soldado comparable a Camilo.

Revolucionario cabal, hombre del pueblo, artífice de esta revolución que hizo la nación cubana para sí, no podía pasar por su cabeza la más leve sombra del cansancio o de la decepción. Camilo, el guerrillero, es objeto permanente de evocación cotidiana, es el que hizo esto o aquello, «una cosa de Camilo», el que puso su señal precisa e indeleble a la Revolución cubana, el que está presente en los otros que no llegaron y en aquellos que están por venir.

En su renuevo continuo e inmortal, Camilo es la imagen del pueblo.

Capítulo I. Principios generales de la lucha guerrillera

1. Esencia de la lucha guerrillera

La victoria armada del pueblo cubano sobre la dictadura batistiana[3] ha sido, además del triunfo épico recogido por los noticieros del mundo entero, un modificador de viejos dogmas sobre la conducta de las masas populares de la América Latina, demostrando palpablemente la capacidad del pueblo para liberarse de un gobierno que lo atenaza a través de la lucha guerrillera.

Consideramos que tres aportaciones fundamentales hizo la Revolución cubana a la mecánica de los movimientos revolucionarios en América, son ellas:

1. Las faenas populares pueden ganar una guerra contra el ejército.

2. No siempre hay que esperar a que se den todas las condiciones para la revolución; el foco insurreccional puede crearlas.

3. En la América subdesarrollada el terreno de la lucha armada debe ser fundamentalmente el campo.

De estas tres aportaciones, las dos primeras luchan contra la actitud quietista de revolucionarios o seudorrevolucionarios que se refugian, y refugian su inactividad, en el pretexto de que contra el ejército profesional nada se puede hacer, y algunos otros que se sientan a esperar a que, en una forma mecánica, se den todas las condiciones objetivas y subjetivas necesarias, sin preocuparse de acelerarlas. Claro como resulta hoy para todo el mundo, estas dos verdades indubita-

3   Se refiere a Fulgencio Batista, quien llegó al poder en 1952 mediante un golpe de Estado y fue derrocado por Fidel Castro. (*N. del E.*)

bles fueron antes discutidas en Cuba y probablemente sean discutidas en América también.

Naturalmente, cuando se habla de las condiciones para la revolución no se puede pensar que todas ellas se vayan a crear por el impulso dado a las mismas por el foco guerrillero. Hay que considerar siempre que existe un mínimo de necesidades que hagan factible el establecimiento y consolidación del primer foco. Es decir, es necesario demostrar claramente ante el pueblo la imposibilidad de mantener la lucha por las reivindicaciones sociales dentro del plano de la contienda cívica. Precisamente, la paz es rota por las fuerzas opresoras que se mantienen en el poder contra el derecho establecido.

En estas condiciones, el descontento popular va tomando formas y proyecciones cada vez más afirmativas y un estado de resistencia que cristaliza en un momento dado en el brote de lucha provocado inicialmente por la actitud de las autoridades.

Donde un gobierno haya subido al poder por alguna forma de consulta popular, fraudulenta o no, y se mantenga al menos una apariencia de legalidad constitucional, el brote guerrillero es imposible de producir por no haberse agotado las posibilidades de la lucha cívica.

El tercer aporte es fundamentalmente de índole estratégica y debe ser una llamada de atención a quienes pretenden con criterios dogmáticos centrar la lucha de las masas en los movimientos de las ciudades, olvidando totalmente la inmensa participación de la gente del campo en la vida de todos los países subdesarrollados de América. No es que se desprecie las luchas de masas obreras organizadas, simplemente se analiza con criterio realista las posibilidades, en las condiciones difíciles de la lucha armada, donde las garantías que suelen adornar nuestra constituciones están suspendidas o ignoradas. En estas condiciones los movimientos obreros deben hacerse clandestinos, sin armas, en la ilegalidad y arrostrando peligros enormes; no es tan difícil la situación en campo abierto, apoyados los habitantes por la guerrilla armada y en lugares donde las fuerzas represivas no pueden llegar.

Independientemente de que después hagamos un cuidadoso análisis, estas tres conclusiones que se desprenden de la experiencia revolucionaria cubana las apuntamos hoy a la cabeza de este trabajo por considerarlas nuestro aporte fundamental.

La guerra de guerrillas, base de la lucha de un pueblo por redimirse, tiene diversas características, facetas distintas, aun cuando exista siempre la misma voluntad esencial de liberación. Es obvio —y los tratadistas sobre el tema lo han dicho sobradamente— que la guerra responde a una determinada serie de leyes científicas, y quien quiera que vaya contra ellas, irá a la derrota. La guerra de guerrillas, como fase de la misma, debe regirse por todas ellas; pero por su aspecto especial, tiene, además, una serie de leyes accesorias que es preciso seguir para llevarla hacia adelante. Es natural que las condiciones geográficas y sociales de cada país determinen el modo y las formas peculiares que adoptará la guerra de guerrillas, pero sus leyes esenciales tienen vigencia para cualquier lucha de este tipo.

Encontrar las bases en que se apoya este tipo de lucha, las reglas a seguir por los pueblos que buscan su liberación; teorizar lo hecho, estructurar y generalizar esta experiencia para el aprovechamiento de otros, es nuestra tarea del momento.

Lo primero que hay que establecer es quiénes son los combatientes en una guerra de guerrillas. De un lado tenemos el núcleo opresor y su agente, el ejército profesional, bien armado y disciplinado, que, en muchos casos, puede contar con el apoyo extranjero y el de pequeños núcleos burocráticos, paniaguados al servicio de ese núcleo opresor. Del otro, la población de la nación o región de que se trate. Es importante destacar que la lucha guerrillera es una lucha de masas, es una lucha de pueblo: la guerrilla, como núcleo armado, es la vanguardia combatiente del mismo, su gran fuerza radica en la masa de la población. No debe considerarse a la guerrilla numéricamente inferior al ejército contra el cual combate, aunque sea inferior su potencia de fuego. Por esto es preciso acudir a la guerra de guerrillas cuando se tiene junto a sí un núcleo mayoritario y para defenderse de la opresión un número infinitamente menor de armas.

El guerrillero cuenta, entonces con todo el apoyo de la población del lugar. Es una cualidad *sine qua non*. Y se ve muy claro, tomando como ejemplo gavillas de bandoleros que operan en una región; tienen todas las características del ejército guerrillero: homogeneidad, respeto al jefe, valentía, conocimiento del terreno, y, muchas veces, hasta cabal apreciación de la táctica a emplear. Falta solo el apoyo del pueblo; e inevitablemente estas gavillas son detenidas o exterminadas por la fuerza pública.

Analizado el modo operacional de la guerrilla, su forma de lucha y comprendiendo su base de masas solo nos resta preguntar: ¿Por qué lucha el guerrillero? Tenemos que llegar a la conclusión inevitable de que el guerrillero es un reformador social, que empuña las armas respondiendo a la protesta airada del pueblo contra sus opresores y que lucha por cambiar el régimen social que mantiene a todos sus hermanos desarmados en el oprobio y la miseria. Se lanza contra las condiciones especiales de la institucionalidad de un momento dado y se dedica a romper, con todo el vigor que las circunstancias permitan, los moldes de esa institucionalidad.

Cuando analicemos más a fondo la táctica de guerra de guerrillas, veremos que el guerrillero debe tener un conocimiento cabal del terreno que pisa, sus trillos de acceso y escape, posibilidades de maniobrar con rapidez, apoyo del pueblo, naturalmente, y lugares donde esconderse. Todo esto indica que el guerrillero ejercerá su acción en lugares agrestes y poco poblados, y en estos parajes, la lucha del pueblo por sus reivindicaciones se sitúa preferentemente y, hasta casi exclusivamente, en el plano del cambio de la composición social de la tenencia de la tierra, es decir, el guerrillero es, ante todo un revolucionario agrario. Interpreta los deseos de la gran masa campesina de ser dueña de la tierra, dueña de sus medios de producción, de sus animales, de todo aquello que ha anhelado durante años, de lo que constituye su vida y constituirá también su cementerio.

Para la corriente interpretación de la guerra de guerrillas debe establecerse que hay dos tipos diferentes, uno de los cuales, el de ser una forma de lucha complementaria a la de los grandes ejércitos regulares tal como el caso de las guerrillas ucranianas en la Unión Soviética, no interesa para este análisis. Nos interesa el caso de un grupo armado que va progresando en la lucha contra el poder constituido, sea colonial o no, que se establece como base única y que va progresando en los medios rurales. En todos estos casos, cualquiera que sea la estructura ideológica que anime la lucha, la base económica está dada por la aspiración a la tenencia de la tierra.

La China de Mao se inicia como un brote de los núcleos obreros del Sur que es derrotado y casi aniquilado. Solamente se estabiliza e inicia su marcha ascendente cuando después de la gran marcha del Yenán[4] se asienta en territorios rurales y coloca como base de reivindicaciones la reforma agraria.

La lucha de Ho Chi Minh en Indochina[5] se basa en los campesinos arroceros oprimidos por el yugo colonial francés y con esa fuerza va progresando hasta derrotar a los colonialistas. En ambos casos hay un paréntesis de guerra patriótica contra el invasor japonés, pero no se desvanece la base económica de lucha por la tierra. En el caso de Argelia, la gran idea del nacionalismo árabe tiene su réplica económica en el usufructo de la casi totalidad de las tierras laborables de Argelia por un millón de colonos franceses, y en algunos países como Puerto Rico, donde las condiciones particulares de la isla no han permitido un brote guerrillero, el espíritu nacionalista herido en lo más profundo por la discriminación que se comete a diario contra ellos tiene como base la aspiración del campesino (aunque ya muchas veces esté proletarizado) por la tierra que le arrebatara el invasor yanqui y esta misma idea central fue la que animaba, aunque en diferentes proyecciones, a los hacendados pequeños, campesinos y esclavos de las haciendas orientales de Cuba que cerraron filas para defender juntos el derecho a la posesión de la tierra, durante la guerra de liberación de los treinta años.[6]

Pese a características especiales que la convierten en un tipo de guerra, y teniendo en cuenta las posibilidades de de-

---

4   Esta localidad actualmente se transcribe como Yan'an. (*N. del E.*)
5   Se refiere a Vietnam. (*N. del E.*)
6   Se refiere a las guerras por la independencia cubana transcurridas entre 1868 y 1898. (*N. del E.*)

sarrollo de la guerra de guerrillas, que se transforma, con el aumento de la potencialidad del núcleo operante en una guerra de posiciones, debe considerarse que este tipo de lucha es un embrión de la misma, un proyecto; las posibilidades de crecimiento de la guerrilla y de cambiar el tipo de pelea hasta llegar a una guerra convencional son tantas como las posibilidades de derrotar al enemigo en cada una de las distintas batallas, combates o escaramuzas que se libren. Por eso, un principio fundamental es que no se debe dar, de ninguna manera, batalla que no se gane, combate o escaramuza que no se ganen. Hay una definición antipática que expresa: «el guerrillero es el jesuita de la guerra». Indica con esto una cualidad de alevosía, de sorpresa, de nocturnidad, que son evidentemente elementos esenciales de la lucha guerrillera. Es naturalmente, un jesuitismo especial impulsado por las circunstancias que obligan a tomar en algunos momentos una determinación diferente de las concepciones románticas y deportivas con que se nos pretende hacer creer que se hace la guerra.

La guerra es siempre una lucha donde ambos contendientes tratan de aniquilar uno al otro. Recurrirán entonces a todas las triquiñuelas, a todos los trucos posibles, para conseguir este resultado, además de la fuerza. Las estrategias y las tácticas militares son la representación de las aspiraciones del grupo que analiza y del modo de llevar a cabo estas aspiraciones y este modo contempla el aprovechamiento de todos los puntos débiles del enemigo. Desmenuzando, en una guerra de posiciones, la acción de cada pelotón de un gran núcleo de ejército, se observan las mismas características, en cuanto a la lucha individual, que las que se presentarán en la guerrilla. Hay alevosía, hay nocturnidad, hay sorpresa, y cuando no se producen, es porque es imposible tomar desprevenidos a quienes están enfrente vigilando. Pero como la guerrilla es una división de por sí, y como hay grandes zonas de terreno no vigiladas por el enemigo, siempre se puede realizar estas tareas de manera de asegurar la sorpresa, y es deber del guerrillero hacerlo.

«Muerde y huye» le llaman algunos despectivamente, y es exacto. Muerde y huye, espera, acecha, vuelve a morder y a huir y así sucesivamente, sin dar descanso al enemigo. Hay en todo esto, al parecer, una actitud negativa; esa actitud de retirada, de no dar combates frontales, sin embargo, todo es consecuente con la estrategia general de la guerra de guerrillas, que es igual en su fin último a la de una guerra cualquiera: lograr el triunfo, aniquilar al enemigo.

Queda bien establecido que la guerra de guerrillas es una fase de la guerra que no tiene de por sí oportunidades de lograr el triunfo, es además una de las fases primarias de la guerra y se irá desenvolviendo y desarrollando hasta que el Ejército guerrillero, en su crecimiento constante, adquiera las características de un Ejército regular. En ese momento estará listo para aplicar golpes definitivos al enemigo y acreditarse la victoria. El triunfo será siempre el producto de un Ejército regular, aunque sus orígenes sean el de un Ejército guerrillero.

Ahora bien, así como el general de una división no tiene que morir en una guerra moderna al frente de sus soldados, el guerrillero, que es general de sí mismo, no debe morir en cada batalla; está dispuesto a dar su vida, pero precisamente, la cualidad positiva de esta guerra de guerrillas es que cada uno de los guerrilleros está dispuesto a morir, no por defender un ideal sino por convertirlo en realidad. Esa es la base, la esencia de la lucha de guerrillas. El milagro por el cual un pequeño núcleo de hombres, vanguardia armada del gran núcleo popular que los apoya, viendo más allá del objetivo táctico inmediato, va decididamente a lograr un ideal, a establecer una sociedad nueva, a romper los viejos moldes de la antigua, a lograr, en definitiva, la justicia social por la que lucha.

Consideradas así, todas las palabras despectivas adquieren su verdadera grandeza, la grandeza del fin a que están destinadas, y conste que no se habla de medios retorcidos para llegar al fin; la actitud de lucha, esa actitud que no debe desmayar en ningún momento, esa inflexibilidad frente a los grandes problemas del objetivo final, es también la grandeza del guerrillero.

2. Estrategia guerrillera

En la terminología guerrera, se entiende por estrategia el análisis de los objetivos a lograr, considerando una situación militar total y las formas globales de lograr estos objetivos.

Para una correcta apreciación estratégica, desde el punto de vista de la guerrilla, es necesario analizar fundamentalmente cuál será el modo de actuar del enemigo. Si en algún momento es válida la apreciación de que el objetivo final es destruir completamente a la fuerza opositora, en el caso de una guerra civil de este tipo se encuentra el ejemplo clásico: el enemigo tendrá que procurar la destrucción total de cada uno de los componentes de la guerrilla; y el guerrillero, a la inversa, debe analizar los recursos con que cuenta el contrario para tratar de llegar a esa solución; los medios con que cuenta en hombres, en movilidad, en apoyo popular, en armamento y en capacidad de dirección. Debemos adecuar nuestra estrategia a estos estudios, considerando siempre el objetivo final de derrotar al ejército enemigo.

Hay aspectos fundamentales a estudiar: el armamento, por ejemplo, la forma de utilizar ese armamento; analizar exactamente cuál es el valor de un tanque en una lucha de este tipo, cuál el de un avión, analizar cuáles son las armas del enemigo, su parque, sus costumbres; porque el aprovisionamiento más importante de la fuerza guerrillera, está precisamente en el armamento enemigo. Si hay posibilidad de elección debe preferir el mismo tipo que el usado por éste, pues el más grande enemigo de la guerrilla es la falta de parque, que debe proveer el contrincante.

Una vez hecho esto, graduados y analizados los objetivos a lograr, hay que ir estudiando el ordenamiento de los pasos para la consecución del objetivo final, ordenamiento que se preverá, pero que se irá modificando en el transcurso de la lucha y adecuando a la serie de circunstancias no previstas que puedan surgir durante la misma.

En el primer momento, lo esencial para el guerrillero será no dejarse destruir. Paso a paso, será más fácil para los integrantes de la guerrilla o de las diferentes guerrillas, adaptarse al medio de vida y convertir en una acción cotidiana y, como tal, fácil, el huir, despistar a las fuerzas que están lanzadas en su persecución. Logrado este objetivo, tomando posiciones cuya inaccesibilidad impida al enemigo llegar hasta ellos, o consiguiendo fuerzas que disuadan a éste de atacar, debe procederse al debilitamiento gradual del mismo, debilitamiento que se provocará en el primer momento en los lugares más cercanos a los puntos de lucha activa contra la guerrilla, y, posteriormente, se irá profundizando en territorio enemigo, atacando sus comunicaciones, atacando luego, o molestando, las bases de operaciones y las bases centrales, hostigándolo en forma total en la medida de las posibilidades de las fuerzas guerrilleras.

El golpeteo debe ser constante. Al soldado enemigo que esté en un lugar de operaciones no se le debe dejar dormir, las postas deben ser atacadas y liquidadas sistemáticamente. Debe darse en todo momento la impresión de que un cerco completo rodea al adversario; en las zonas boscosas y quebradas, durante todo el día, en las zonas llanas o fácilmente permeables por patrullas adversarias, durante la noche. Para hacer todo esto, es necesario la cooperación absoluta del pueblo y el conocimiento perfecto del terreno. Dos condiciones cuya necesidad apunta en cada minuto de la vida del guerrillero. Por eso hay que establecer, al mismo tiempo que centros de estudio de las zonas de operaciones y centros de estudios de las zonas de operaciones futuras, trabajo popular intensivo, explicando los motivos de la revolución, los fines de esta misma revolución y diseminando la verdad incontrovertible de que en definitiva contra el pueblo no se puede vencer. Quien no sienta esta verdad indubitable no puede ser guerrillero.

Este trabajo popular debe centralizarse en el primer momento sobre la discreción, es decir, debe pedirse a cada campesino, a cada miembro de la sociedad donde se actúa, que no comenten lo que vean u oigan; después buscará la ayuda de habitantes cuya lealtad a la revolución ofrezca mayores garantías, posteriormente se utilizará a esas personas en tareas de contacto, de transporte de mercancías o de armas, de prácticos en las zonas que él conozca, y, más tarde, se puede llegar a la acción de masas ya organizadas en los centros de trabajo, cuyo resultado final será la huelga general.

La huelga es un factor importantísimo en la guerra civil, pero para llegar a ella es necesario una serie de complementos que no se dan siempre y que, espontáneamente, se dan muy pocas veces, hay que ir a crear los factores necesarios y esta creación se basa en la explicación de los motivos de la revolución, en la demostración de las fuerzas del pueblo y de sus posibilidades.

Se puede también recurrir a determinados grupos muy homogéneos y que tienen que demostrar eficacia previa en labores menos peligrosas para hacer sabotaje, que es otra de las terribles armas de la guerrilla; se puede paralizar ejércitos enteros, se puede detener la vida industrial de una zona, quedando los habitantes de una ciudad sin industria, sin luz, sin agua, sin comunicaciones de ninguna clase, sin poder arriesgarse a salir sino a determinadas horas, por una carretera. Si se logra todo esto, la moral de los enemigos va decayendo, va decayendo la moral de sus unidades combatientes y se torna madura la fruta para arrancarla en el momento preciso.

Todo esto presupone un aumento del territorio abarcado por la acción guerrillera, pero nunca se debe ir a un aumento exagerado de ese territorio.

Hay que conservar siempre una base de operaciones fuerte y continuar fortaleciéndola durante el curso de la guerra. Hay que utilizar medidas de adoctrinamiento de los habitantes de la zona, medidas de saneamiento contra los enemigos irreconciliables de la revolución y perfeccionar todos los sistemas puramente defensivos, como trincheras, minas y comunicaciones dentro de ese territorio. Cuando la guerrilla ha alcanzado un poderío respetable en armas y en número de combatientes, debe irse a la formación de nuevas columnas. Es un hecho parecido al de la colmena que, en determinado momento, suelta una nueva reina que se va a otra región con parte del enjambre. La colmena madre, con el jefe guerrillero más notable, quedará en lugares menos riesgosos, mientras las nuevas alumnas perforarán otros territorios enemigos, siguiendo el ciclo ya escrito.

Llega un momento en que el territorio ocupado por las columnas es pequeño para contenerlas y en su avance hacia las regiones sólidamente defendidas por el enemigo, deben enfrentarse con fuerzas poderosas. En este instante, las columnas se reúnen, se ofrece un frente de lucha compacto, se llega a una guerra de posiciones, una guerra desarrollada por ejércitos regulares.

Sin embargo, no puede desligarse el antiguo ejército guerrillero de su base, y se deben formar nuevas guerrillas detrás del enemigo, que actúen en la misma forma en que actuaban las primarias en el otro territorio y vayan penetrándolo hasta dominarlo.

Así se llega al ataque, al cerco de las plazas, a la derrota de los refuerzos, a la acción cada vez más enardecida de las masas en todo el territorio nacional y al objetivo final de la guerra: la victoria.

3. Táctica guerrillera

En lenguaje militar, táctica es el modo práctico de llevar a efecto los grandes objetivos estratégicos. Es, en algunos modos, un complemento de la estrategia y en otros una especie de reglamento de la misma; mucho más variables, mucho más flexibles que los objetivos finales, los medios deben adaptarse a cada momento de la lucha. Hay objetivos tácticos que permanecen constantes durante una guerra y otros que van variando. Lo primero que hay que considerar es el acoplamiento de la acción guerrillera a la acción del enemigo.

Característica fundamental de una guerrilla es la movilidad, lo que le permite estar en pocos minutos lejos del teatro específico de la acción y en pocas horas lejos de la región de la misma, si fuera necesario; que le permite cambiar constantemente de frente y evitar cualquier tipo de cerco. De acuerdo con los momentos de la guerra, puede dedicarse la guerrilla exclusivamente a huir de un cerco, única forma de obligarla a una batalla decisiva que puede ser muy desfavorable, y también a establecer luchas de contracerco (pequeñas partidas de hombres presumiblemente están rodeadas por el enemigo cuando de pronto el enemigo está rodeado por contingentes mayores, o esos hombres, colocados en un lugar inexpugnable han servido de señuelo y todas las tropas y el abastecimiento que va para el ejército agresor, han sido cercados, han sido aniquilados de alguna manera). Característica de esta guerra de movilidad es lo que se denomina *minuet*, por la analogía con el baile de ese nombre: las guerrillas cercan una posición enemiga, una columna que avanza por ejemplo: la cercan absolutamente, por los cuatro puntos cardinales, pero con cinco o seis hombres en cada lugar y convenientemente alejados para no ser a su vez cercados; se entabla la lucha en cualquiera de los puntos y el ejército se moviliza hacia él; la guerrilla retrocede entonces, manteniendo siempre contacto visual con el enemigo y se inicia el ataque desde otro punto. El ejército repetirá la acción anterior y la guerrilla también. Así sucesivamente se puede mantener inmovilizada una columna enemiga haciéndola gastar cantidades grandes de parque, debilitándole la moral a la tropa, sin mayores peligros.

Esta misma práctica debe aplicarse a las horas de la noche, pero acercándose más, demostrando mayor agresividad, porque es mucho más difícil un cerco en esas condiciones.

Es decir, la nocturnidad es otra característica importante de
la guerrilla que sirve para avanzar hacia posiciones que van
a ser atacadas y también para movilizarse en territorios no
bien conocidos donde existe el peligro de delaciones. Naturalmente, su inferioridad numérica hace muy necesario que
los ataques sean siempre por sorpresa, esa es la gran ventaja,
es lo que permite al guerrillero hacer bajas al enemigo sin
sufrir pérdidas porque no es lo mismo, en un combate entre
cien hombres de un lado y diez del otro, tener una baja por
cada lado. La baja enemiga es recuperable en cualquier momento y corresponde en este ejemplo a un 1 %; la baja de
la guerrilla necesita más tiempo para ser recuperada porque
constituye un soldado de alta especialización y es el 10 %
del conjunto de las fuerzas operantes.

Nunca un soldado muerto de parte de las guerrillas debe
ser dejado con sus armas y con su parque. El deber de todo
soldado guerrillero es, inmediatamente que cae un compañero, recuperar estos preciosísimos elementos de lucha. Precisamente, el parque, el cuidado que hay que tener con él
y su metodización al gastarlo, es otra característica de la
guerra de guerrillas. En cualquier combate entre una fuerza
regular y otra guerrillera se puede identificar a una y a otra
por su manera de hacer fuego: grandes concentraciones de
fuego de parte del ejército regular y tiros aislados y precisos
de parte del guerrillero.

Cierta vez uno de nuestros héroes, ya muerto, debió emplear su ametralladora durante casi cinco minutos, ráfaga
tras ráfaga, para impedir el avance de los soldados enemigos y este hecho causó una considerable desorganización en
nuestras fuerzas porque consideraron, por el ritmo del fuego, que esa posición clave estaba tomada por el adversario,
pues era una de las poquísimas ocasiones en que se había

hecho caso omiso de la necesidad de guardar tiros, precisamente por la importancia del punto defendido.

Otra característica fundamental del soldado guerrillero es su flexibilidad para adaptarse a todas las circunstancias y convertir en favorables todos los accidentes de la acción. Frente a la rigidez de los métodos clásicos de guerrear, el guerrillero inventa su propia táctica en cada momento de la lucha y sorprende constantemente al enemigo.

En primer lugar, solamente hay posiciones elásticas, lugares específicos de donde no puede pasar el enemigo y lugares de diversión del mismo. Es frecuente observar la sorpresa con que éste nota que un avance gradual, sorteando dificultades fácilmente, se encuentra de pronto férreamente detenido y no hay posibilidades de seguir adelante. Es que las posiciones defendidas por los soldados guerrilleros, cuando se ha podido hacer un estudio cabal del terreno, son inexpugnables. No se cuenta cuántos soldados atacan sino cuántos soldados pueden defenderla, y una vez establecido ese número se defiende contra un batallón y casi siempre, por no decir siempre, con éxito. Gran tarea de los jefes es elegir adecuadamente el momento y el lugar en que una posición será defendida hasta el final.

La forma de ataque de un ejército guerrillero también es diferente; se inicia sorpresiva, furibunda, implacable, y re convierte de pronto en una pasividad total. El enemigo sobreviviente, reponiéndose, cree que el atacante se ha ido, empieza a tranquilizarse, a normalizar la vida interior del cuartel o de la ciudad sitiada y de pronto surge un nuevo ataque en otro lugar, con las mismas características, mientras el grueso de la guerrilla espera los refuerzos presuntos; u otra vez, una posta que defiende un cuartel es atacada de pronto, dominada, y éste cae en las manos de la guerrilla. Lo fundamental es la sorpresa y la rapidez del ataque.

Muy importantes son los actos de, sabotaje. Es preciso diferenciar claramente el sabotaje, medida revolucionaria de guerra, altamente eficaz y el terrorismo, medida bastante ineficaz, en general, indiscriminada en sus consecuencias, pues hace víctimas de sus efectos a gente inocente en muchos casos y que cuesta gran número de vidas valiosas para la revolución. El terrorismo debe considerarse como factor valioso cuando se utiliza para ajusticiar algún connotado dirigente de las fuerzas opresoras, caracterizado por su crueldad, por su eficiencia en la represión, por una serie de cualidades que hacen de su supresión algo útil; pero nunca es aconsejable la muerte de personas de poca calidad que traen como consecuencia un desborde de la represión con su secuela de muertes.

Hay un punto sumamente controvertido en la apreciación de terrorismo. Muchos consideran que al usarse y exacerbar la opresión policial, impide todo contacto más o menos legal o semiclandestino de las masas e imposibilita su unión para las acciones que serían necesarias en un momento determinado. Esto, en sí, es exacto, pero sucede también que en los momentos de guerra civil y en determinadas poblaciones, ya la represión del poder gobernante es tan grande que, de hecho, está suprimida toda clase de acción legal y es imposible una acción de masas que no sea apoyada por las armas. Por eso hay que tener mucho cuidado en la adopción de medidas de este tipo y analizar las consecuencias generales favorables que puedan traer para la revolución. De todas maneras, el sabotaje es siempre un arma eficacísima, bien manejada. No debe emplearse el sabotaje en inutilizar medios de producción que deje paralizado algún sector de la población, es decir, que deje gente sin trabajo, sin que influya esa paralización en la vida normal de una sociedad; es ridículo un sabotaje contra una fábrica de refrescos, pero es absolutamente correcto y recomendable un sabotaje contra una central eléctrica. En el primer caso se desplazan unos cuantos obreros y no se modifica el ritmo de la vida industrial; en el segundo caso también habrá un desplazamiento de obreros, pero perfectamente justificado por la paralización total de la vida de la región. Insistiremos en la técnica del sabotaje en otro momento.

Una de las armas favoritas del ejército, arma que se ha pretendido constituir en definitiva en los actuales momentos, es la aviación; sin embargo, ésta no tiene acción ninguna mientras la guerra de guerrillas esté en sus etapas primarias, con poca concentración de hombres en lugares abruptos. La eficacia de la aviación consiste en la destrucción sistemática de defensas organizadas y visibles; para esto debe haber grandes concentraciones de hombres que hagan estas defensas, lo que no ocurre en este tipo de guerra.

También es eficaz en las marchas de columnas por lugares llanos o lugares no protegidos; sin embargo, este último problema se elude fácilmente realizando marchas nocturnas.

Uno de los puntos más débiles del enemigo es el transporte por carretera y ferrocarril. Es prácticamente imposible vigilar metro a metro un transporte, un camino, un ferrocarril. En cualquier lugar se puede poner una carga considerable de explosivo que inutilice la vía, o también explote en el momento de pasar un vehículo, provocando, además de la inutilización de las mismas, una considerable pérdida en vidas y material al enemigo.

La fuente de explosivos es variada: se puede traer de otras zonas, o pueden servir las mismas bombas tiradas por la dictadura, que no siempre estallan, o fabricarse en laboratorios clandestinos y dentro de la zona guerrillera. La técnica para hacerlas explotar es muy variada: la fabricación de los mismos también depende de las condiciones de la guerrilla.

En nuestros laboratorios hacíamos pólvora que utilizábamos como fulminante e inventamos varios dispositivos para hacer estallar estas minas en el momento indicado. Los que daban mejor resultado eran los eléctricos, pero la primera mina que se hizo explotar fue una bomba arrojada por los aviones de la dictadura, a la que se le introdujeron varios fulminantes y se le agregó una escopeta cuyo gatillo era halado por un hilo. En el momento en que pasó un carro enemigo se disparó el arma, provocando su explosión.

Se pueden ir perfilando esas técnicas hasta un grado extremo y tenemos noticias de que en Argelia, por ejemplo, en la actualidad se usan contra el poderío colonial francés minas telexplotables, es decir, por un sistema de radio a larga distancia del punto donde ellas están situadas.

La técnica de emboscarse en los caminos para hacer explotar minas y aniquilar a los sobrevivientes es de las más remuneradoras en cuanto a parque y armas; el enemigo sorprendido no usa sus municiones, no tiene tiempo de huir y con poco gasto de parque se consiguen resultados apreciables.

A medida que se golpea al enemigo va cambiando su táctica también y en vez de salir carros aislados transitarán verdaderas columnas motorizadas. Sin embargo, eligiendo bien el terreno se puede lograr el mismo resultado fraccionando la columna y acumulando fuerzas sobre un vehículo. Hay que considerar siempre en estos casos, los elementos esenciales de la táctica guerrillera, que son: el conocimiento absoluto del terreno, la vigilancia y previsión de los caminos de escape, el conocimiento y vigilancia de todos los caminos secundarios que pueden llevar al atacante hacia ese punto, el conocimiento de la población de la zona; el apoyo total de ésta en cuanto a abastecimientos, a transporte, a ocultación transitoria y a ocultación permanente, cuando es necesario dejar compañeros heridos, la superioridad numérica en un punto determinado de la acción, la movilidad total y la posibilidad de contar con reservas.

Si se cumplen con todos estos requisitos tácticos, la sorpresa en las vías de comunicación del enemigo da dividendos notables.

Parte fundamental de la táctica guerrillera es el trato a todos los seres humanos de la zona. Es importante, asimismo, el trato dado al enemigo; la norma a seguir debe ser una implacabilidad absoluta en la hora del ataque, una implacabilidad absoluta con todos los elementos despreciables que se dediquen a la delación o al asesinato y una clemencia lo más absoluta posible con los soldados que van a combatir cumpliendo, o creyendo cumplir, su deber militar. Es buena norma, mientras no haya bases considerables de operaciones y lugares inexpugnables, no hacer prisioneros.

Los sobrevivientes deben ser dejados en libertad. Los heridos deben ser cuidados con todos los recursos posibles en el momento de la acción. La conducta con la población civil debe estar reglada por un gran respeto a todas las tradiciones y normas de la gente de la zona, para ir a una demostración efectiva, con los hechos, de la superioridad moral del soldado guerrillero sobre el soldado opresor. No debe ajusticiarse sin dar oportunidad de descargo al reo, salvo momentos especiales.

4. Guerra en terrenos favorables

Como ya dijimos, no siempre la lucha guerrillera se va a desarrollar en el terreno más favorable a la aplicación de sus tácticas; pero en el caso en que esto ocurra, es decir, en que el grupo guerrillero esté asentado sobre zonas de difícil acceso, ya porque el monte sea intrincado, haya montañas abruptas, desiertos intransitables, o ciénagas, la táctica general tendrá que ser siempre la misma y basarse en los postulados fundamentales de la guerra de guerrillas.

Un punto importante a considerar es el modo de hacer contacto con el enemigo. Si la zona es tan intrincada, tan adversa que no pueda llegar hasta ella en ningún momento un ejército organizado, la guerrilla deberá avanzar hasta las zonas donde pueda llegar este ejército, donde haya posibilidad de combate.

La guerrilla debe combatir pasado el primer momento después de asegurada su supervivencia. Tiene que salir constantemente de su refugio a pelear, su movilidad no tiene que ser tanta como en los casos en que el terreno es desfavorable; tendrá que adecuarse a las condiciones del enemigo, pero no es necesario un desplazamiento como el que está implícito en lugares donde el enemigo pueda concentrar gran cantidad de hombres en pocos momentos.

No es tampoco tan importante el carácter de nocturnidad de esta guerra; podrá en muchos casos hacerse operaciones de día y, sobre todo, efectuar movilizaciones diurnas, todo esto supeditado a la vigilancia enemiga por tierra y por aire. Al mismo tiempo, se puede persistir en una acción guerrera durante mucho más tiempo, en las montañas sobre todo; se puede entablar combates de larga duración con muy pocos elementos y es muy probable que se logre impedir la llegada de refuerzos enemigos hasta el escenario de la lucha.

La vigilancia de los posibles lugares de acceso, es sin embargo, un axioma que nunca debe olvidar el guerrillero, pero su agresividad (por las mismas dificultades que tiene el enemigo para recibir refuerzos) puede ser aún mayor, puede acercársele mucho más, hostilizarlo mucho más directamente, combatirlo más frontalmente y durante mayor tiempo; todo esto supeditado a una serie de circunstancias como la cantidad de parque, por ejemplo.

La guerra en terreno favorable y, particularmente, en las montañas, presenta, frente a tantas ventajas, el inconveniente de que es difícil tomar en una sola operación una cantidad considerable de armas y parque debido a las precauciones que toma el enemigo en estas regiones (nunca el soldado guerrillero debe olvidar el hecho de que debe ser el enemigo la fuente de abastecimiento del parque y las armas). Pero mucho más rápidamente que en terrenos desfavorables, podrá la guerrilla asentarse, sedentarizarse, es decir, formar un núcleo capaz de establecer una guerra de posiciones, donde instale, adecuadamente protegidas de la aviación o de la artillería de largo alcance, las pequeñas industrias que ha de necesitar, así como los hospitales, centros educativos y de entrenamiento, además de los almacenes, órganos de difusión, etc.

La integración numérica de la guerrilla en estas condiciones puede ser mucho mayor, habrá incluso hombres que no peleen, y hasta un proceso de entrenamiento para tomar armas que eventualmente caigan en poder del ejército guerrillero.

El número de hombres que puede tener una guerrilla es materia de cálculos sumamente flexibles, adecuados al territorio, a las facilidades de abastecerlos, a la fuga en masa de gente oprimida de otras zonas, a las armas disponibles, a las necesidades mismas de la organización. Pero, en todo caso, es mucho más factible sedentarizarse y engrosarse con el aporte de nuevos elementos combatientes.

El radio de una guerrilla de este tipo puede ser tan amplio como las condiciones o las operaciones de otras guerrillas en terrenos adyacentes lo permitan. Todo estará limitado por el tiempo que se tarde en negar desde un punto de operaciones a una zona de seguridad; es decir, calculando que las marchas deben hacerse de noche, no podrá operarse más allá de cinco o seis horas de su punto de seguridad mínimo; naturalmente, desde la zona de seguridad, pueden extenderse pequeñas guerrillas que vayan debilitando constantemente el territorio.

Las armas preferibles para este tipo de guerra son las de largo alcance, con poco gasto de balas apoyadas por un grupo de armas automáticas o semiautomáticas. De los fusiles y ametralladoras que hay en los mercados norteamericanos, una de las armas más recomendables es el fusil M-1, denominado Garand, que debe ser usado por gente con cierta experiencia, pues tiene el inconveniente de gastar demasiado parque. Se pueden usar armas de tipo semipesado como ametralladoras de trípode con más margen de seguridad para ella y sus servidores en los terrenos favorables, pero siempre debe ser un arma de contención y nunca de ataque.

Una constitución ideal para guerrilla de veinticinco hombres sería: diez a quince fusiles de un tiro y unas diez armas automáticas entre Garand y ametralladoras de mano, contando con el apoyo de armas automáticas de fácil transporte y livianas como son los fusiles ametralladoras de tipo Browning o los más modernos FAL belga y M-14. Entre las ametralladoras de mano, son preferibles las de nueve milímetros que permiten mayor transporte de parque y, cuanto más sencilla sea su construcción, más recomendable, por la facilidad de cambiarles las piezas. Todo eso adecuado al armamento que tenga el enemigo, pues el parque que éste utiliza es el que vamos a usar cuando esas armas caigan en nuestras manos. Las armas pesadas que pueda utilizar éste, son prácticamente desechables. La aviación no puede ver nada y es inoperante, los tanques y cañones muy poco pueden hacer debido a las dificultades de avanzar en estas zonas.

Un capítulo muy importante, es el abastecimiento; en general, las zonas de difícil acceso, por este hecho precisamente, también presentan dificultades, pues los campesinos y, por ende, el abastecimiento de tipo agropecuario directo, escasea. Hay que mantener líneas estables para poder contar siempre con un mínimo de comida en depósitos, previendo cualquier contingencia desagradable.

En esta zona de operaciones, por lo general, las posibilidades de sabotaje en gran escala no son importantes, porque, el mismo hecho ya citado de la inaccesibilidad, hace que haya pocas construcciones, pocas líneas telefónicas, acueductos, etc., que puedan ser dañados por una acción directa.

Para los abastecimientos es importante tener animales, de los cuales el mejor, tratándose de terrenos quebrados, es el mulo. Hay que contar con pastizales adecuados que permitan una buena nutrición. Este animal puede pasar por terrenos sumamente accidentados, por donde ninguna otra bestia logrará hacerlo. En los casos más difíciles se debe recurrir al transporte con hombres. Cada individuo puede transportar una carga de veinticinco kilos, durante muchas horas diarias y durante muchos días.

Las líneas de comunicaciones con el exterior deben contar con una serie de puntos intermedios de gente de entera confianza en donde se puedan ir almacenando productos y donde puedan ir a esconderse los contactos en un momento determinado; además, se pueden ir creando líneas de comunicaciones internas cuya extensión depende del grado de desarrollo alcanzado por la guerrilla. En algunas zonas de los frentes de operaciones de la pasada guerra cubana se establecieron líneas telefónicas de muchos kilómetros de longitud, se hicieron caminos y se tenía siempre un servicio de mensajeros adecuado para cubrir todas las zonas en el menor tiempo posible.

Hay, sin embargo, otra serie, de posibilidades no aplicadas en la guerra cubana, pero perfectamente aplicables, como son las señales de humo, las señales de espejos de Sol y las palomas mensajeras.

La necesidad vital de las guerrillas es mantener sus armas en buenas condiciones, conseguir parque y tener, sobre todas las cosas, zapatos adecuados. Los primeros esfuerzos industriales deben dirigirse entonces hacia estos objetivos. Las fábricas de zapatos pueden ser al principio instalaciones de remendones que coloquen medias suelas a zapatos viejos y, después, se puede ir a la constitución de diferentes fábricas de un buen promedio diario de zapatos, organizando el trabajo. La fabricación de pólvora es bastante sencilla y se puede lograr mucho teniendo un pequeño laboratorio y trayendo los materiales necesarios desde afuera. Los terrenos minados constituyen un grave peligro para el enemigo, pueden minarse grandes extensiones que exploten de una sola vez sepultando hasta cientos de hombres.

5. Guerra en terrenos desfavorables

Para hacer la guerra en este tipo de terrenos, es decir, no muy accidentados, sin bosques, con muchas vías de comunicación, deben cumplirse todos los requisitos fundamentales de la guerra de guerrillas, solo que cambiarán las formas de hacerlo. Cambiará, digamos, la cantidad, no la calidad de la guerra de guerrillas. Por ejemplo: para seguir el mismo orden anterior, la movilidad de este tipo de guerrillas debe ser extraordinaria, el golpe dado, con preferencia nocturno, debe ser sumamente rápido, explosivo casi, y la retirada no solamente veloz sino que debe la guerrilla moverse hacia lugares distintos al de su origen, lo más lejos posible de la acción, considerando siempre que no haya una posibilidad de guarecerse en un lugar inaccesible a las fuerzas represivas.

Un hombre puede caminar durante las horas de la noche entre treinta y cincuenta kilómetros, pero durante las primeras horas del día también se puede marchar, salvo que las zonas de operaciones no estén perfectamente controladas y haya el peligro de que los vecinos del lugar vean la tropa pasar y comuniquen al ejército perseguidor la situación, en dónde la vio y el rumbo. Siempre es preferible, en estos casos, actuar de noche, en el mayor silencio posible antes y después de realizar la acción y se deben elegir las primeras horas nocturnas. También aquí los cálculos fallarán pues habrá veces que las horas de la madrugada serán mejores. Nunca conviene habituar al enemigo a una forma determinada de guerra; hay que variar constantemente los lugares y las horas de operación y las formas de hacerlo también.

Ya dijimos que la acción no puede ser persistente sino rápida; tiene que ser de un grado de efectividad muy grande, de pocos minutos, seguida de una retirada inmediata. Las armas empleadas aquí no serán las mismas que en los casos de terrenos favorables; es preferible tener la mayor cantidad de automáticas; en los ataques nocturnos la puntería no es un factor determinante sino la concentración de fuego; cuanto más armas automáticas tiren a menor distancia, más posibilidades hay de que el enemigo sea aniquilado.

Además, las explosiones de las minas en los caminos y la destrucción de puentes, son factores de mucha importancia a tener en cuenta; la agresividad será mucho menor en cuanto a persistencia de los ataques, en cuanto a continuidad de los mismos, pero podrán ser de mucha violencia, podrán utilizarse armas diferentes también, como las minas ya descritas y la escopeta. En vehículos descubiertos y muy cargados de hombres que son, en general, los utilizados para el transporte de tropas, e incluso en vehículos cubiertos que no tengan defensas especiales, como pueden ser ómnibus o similares, la escopeta es un arma tremenda. Una escopeta cargada con balines es de la mayor efectividad. No es este un secreto de las guerrillas, se utiliza también en las grandes guerras y los norteamericanos tenían pelotones de escopeteros con armas de gran calidad armadas de bayonetas para asaltar nidos de ametralladoras.

Hay un problema importante a dilucidar, el del parque: éste será casi siempre quitado al enemigo. De modo que hay que dar golpes donde haya la seguridad absoluta de restituir el parque gastado a menos que se cuente con provisiones grandes en lugares seguros; es decir, no se puede arriesgar un ataque aniquilador contra un grupo de hombres si esto ha de costar la totalidad del parque y no se va a poder recoger. Siempre en la táctica de la guerrilla es de considerar el grave problema del abastecimiento del material bélico fundamental para continuar la lucha. Por eso las armas deben adecuarse a las que tiene el enemigo salvo algunas cuyo parque pueda ser obtenido en la zona misma o en las ciudades, como son los revólveres o escopetas.

El número de hombres que pueda tener una guerrilla de este tipo no debe ser superior a diez o quince. Es de enorme importancia considerar siempre las limitaciones de número en cuanto a la integración de un solo cuerpo combativo; diez, doce, quince hombres pueden esconderse en cualquier lugar y al mismo tiempo oponer al enemigo una resistencia poderosa y apoyarse mutuamente; cuatro o cinco quizá sería un número muy pequeño, pero cuando el número pasa de diez las posibilidades de que el enemigo los localice, en su campamento de origen o en alguna marcha, son mucho mayores.

Recuérdese que, en marcha, la velocidad de la guerrilla es igual a la velocidad de su hombre más lento. Es más difícil encontrar uniformidad de marcha en veinte, treinta o cuarenta hombres, que en diez. Y el guerrillero del llano debe ser fundamentalmente un corredor. En el llano es donde la práctica del pega y huye debe adquirir su máxima expresión. Las guerrillas del llano tienen el enorme inconveniente de poder ser cercadas rápidamente, de no tener lugares seguros donde oponer una resistencia firme y; por lo tanto, deben vivir en unas condiciones de absoluta clandestinidad durante un largo tiempo del proceso, pues no se puede confiar en ningún vecino cuya fidelidad no esté perfectamente probada. Las represiones del enemigo son tan violentas, tan brutales, en general, llegando no solo al cabeza de familia, sino muchas veces a mujeres y niños, que la presión sobre individuos no muy firmes puede determinar en cualquier momento que «aflojen» y den indicaciones de dónde está y cómo opera la guerrilla, lo que provocaría inmediatamente un cerco con consecuencias siempre desagradables, aunque no necesariamente mortales, para la misma. Cuando las condiciones, el acopio de armas, el estado insurreccional del pueblo, obliguen a aumentar el número de hombres, deben dividirse las guerrillas. Si es necesario, en un momento dado, pueden reunirse para dar un golpe, pero de tal forma, que inmediatamente después se haga la dispersión hacia las zonas habituales, ya divididos en pequeños grupos de diez, doce o quince hombres.

Se puede perfectamente organizar verdaderos ejércitos con un mando único y obtener el respeto y la obediencia a ese mando, sin necesidad de estar agrupados. Es por ello que es muy importante la elección del jefe de la guerrilla, y la seguridad de que este jefe va a responder ideológica y personalmente al jefe máximo de la zona.

Una de las armas que pueden ser usadas por la guerrilla —arma de tipo pesado— de muy gran utilidad por su fácil transporte y manejo, es la bazooka. En la actualidad, la granada antitanque de los fusiles puede reemplazarla. Naturalmente, será un arma tomada al enemigo. Es ideal para disparar sobre vehículos blindados y aun sobre vehículos sin blindaje que estén cargados de tropas, y para tomar pequeños cuarteles con una guarnición reducida, en poco tiempo, pero es necesario apuntar que solamente se puede llevar como máximo, y haciendo ya un considerable esfuerzo, tres obuses por hombre.

En cuanto a esto de la utilización de las armas pesadas tomadas al enemigo, es natural que no se puede desperdiciar ninguna, pero hay armas, como la misma ametralladora de trípode, ametralladora pesada calibre 50, etc., que si son tomadas, podrán ser utilizadas con un sentido de conformidad frente a su pérdida eventual; es decir, no podrá darse una batalla en las condiciones desfavorables que estamos analizando para defender una ametralladora pesada o algún otro utensilio de este tipo; simplemente utilizarla hasta el momento táctico en que sea preciso abandonarlo en una posición. En nuestra guerra de liberación, abandonar un arma constituía un grave delito y no se dio nunca el caso de que se admitiera un pretexto como el apuntado, pese a lo cual, lo expresamos, explicando claramente la única situación en que no constituiría motivo de escarnio. El arma del guerrillero en terrenos desfavorables es la personal de tiro rápido.

Las mismas características de fácil acceso son las que en general permiten que la zona sea habitable y que haya una buena concentración campesina en esos lugares, y eso favorecerá enormemente el abastecimiento; teniendo gente de confianza, haciendo contacto con los establecimientos encargados de expender víveres a la población, se puede mantener perfectamente una guerrilla sin tener que dedicar tiempo ni mucho dinero a líneas de comunicaciones largas y peligrosas. También en esto es bueno recalcar que cuanto más pequeño sea el número de hombres, más fácil se conseguirá la comida de éstos. Los abastecimientos esenciales, hamacas, frazadas, tela impermeable, mosquiteros, zapatos, medicinas y comida se encontrarán directamente en la zona. Son objetos de uso diario por los habitantes de la misma.

Las comunicaciones serán mucho más fáciles en el sentido de poder contar con mayor número de hombres, muchas más vías para llevarla a cabo, pero serán mucho más difíciles en cuanto a la seguridad necesaria para poder llevar un mensaje a un lugar lejano, pues habrá que contar con una serie de contactos en los cuales se tendrá que confiar y existirá el peligro de una eventual captura de alguno de los mensajeros que transiten constantemente por zonas enemigas. Si los mensajes no son de mucha importancia, debe utilizarse la forma verbal, si lo son, habrá que utilizar la forma escrita y en clave; puesto que la experiencia enseña que la transmisión oral de boca en boca desfigura completamente cualquier comunicación trasmitida en estas condiciones.

Por las mismas razones apuntadas, además de considerar la extrema dificultad del trabajo, las industrias adquirirán mucha menor importancia.

No se podrá hacer fábricas de zapatos ni de armas. Prácticamente deberán limitarse a pequeños talleres muy bien ocultos donde se puedan recargar cartuchos de escopetas, fabricar algún tipo de mina, niples, en fin, lo adecuado para el momento. Se podrá contar, en cambio, con todos los talleres amigos de la zona para la clase de trabajo que sea necesario.

Esto nos lleva a dos consecuencias emanadas lógicamente de lo dicho. Una de ellas es que las condiciones de sedentarización en cuanto a la guerra de guerrillas son inversas al grado de desarrollo productivo del lugar dado.

Todos los medios favorables, todas las facilidades para la vida del hombre hacen tender a éste a la sedentarización; en la guerrilla sucede todo lo contrario: mientras más facilidades haya para la vida del hombre, más nómada, más incierta será la vida del guerrillero. Es que en realidad se rigen por el mismo principio. Precisamente el título de este capítulo es «La acción en terreno desfavorable» porque todo lo que es favorable a la vida humana con su secuela de comunicaciones, de núcleos urbanos y semiurbanos de grandes concentraciones de gentes, de terrenos fácilmente trabajados por la máquina, etc., colocan al guerrillero en una situación desventajosa.

La segunda conclusión es que, si el trabajo guerrillero debe traer aparejado necesariamente un importantísimo trabajo de masas, muchísimo más importante es este trabajo en la zona desfavorable, es decir, en las zonas donde un solo ataque enemigo puede provocar una catástrofe. Debe ser allí continua la prédica, continua la lucha por la unión de los trabajadores, de los campesinos mismos, de otras clases sociales si las hubiera en la zona, para lograr una homogeneización total del frente interno con respecto a los guerrilleros y esta labor de masas, este trabajo constante en el aspecto masivo de las relaciones de la guerrilla y los habitantes de la zona, debe también considerar el caso individual del enemigo recalcitrante y eliminarlo sin contemplaciones cuando constituya un peligro. En esto, la guerrilla debe ser drástica. No pueden existir enemigos dentro de la zona de operaciones en lugares que no ofrezcan seguridad.

6. Guerra suburbana

Si en un momento dado, en la guerra de guerrillas, se llega al acoso de las ciudades, a penetrar de tal manera el campo circundante, que puedan establecerse, en condiciones de cierta seguridad, será necesario darles a éstas una educación especial o, mejor dicho, una organización especial.

Es fundamental precisar que nunca puede surgir por sí misma una guerrilla suburbana. Tendrá nacimiento después de que se creen ciertas condiciones necesarias para que pueda subsistir, y esto mismo indica que la guerrilla suburbana estará directamente a las órdenes de jefes situados en otra zona.

Por tanto, la función de esta guerrilla no será llevar a cabo acciones independientes, sino de acuerdo con planes estratégicos preconcebidos, de modo tal que su función sea la de secundar la acción de los grupos mayores situados en otra área y contribuir específicamente al éxito de determinada concepción táctica, sin la amplitud operacional que tienen las guerrillas de los otros tipos. Es decir, una guerrilla suburbana no podrá optar entre tumbar teléfonos o ir a hacer atentados en otro lugar, o sorprender una patrulla de soldados en un camino lejano; hará exactamente lo que se le diga. Si su función es cortar postes de teléfono, tendidos eléctricos, alcantarillados, vías férreas, acueductos, deberá limitarse a cumplir estas funciones a cabalidad.

Su integración numérica no debe pasar de cuatro o cinco hombres. Es importante la limitación del número, porque la guerrilla suburbana debe ser considerada como situada en terrenos excepcionalmente desfavorables, donde la vigilancia del enemigo será mucho mayor y las posibilidades de represalias aumentan enormemente así como las de una delación. Hay que contar como circunstancias agravantes el hecho de que la guerrilla suburbana no puede alejarse mucho de los lugares donde vaya a operar; a la rapidez de acción y a la rapidez de desplazamiento debe unir, sin embargo, un alejamiento relativamente pequeño del lugar de la acción, permaneciendo totalmente oculta durante el día. Es una guerrilla nocturna por excelencia, sin posibilidades de cambiar su manera de operar hasta que el avance de la insurrección sea tan grande que se pueda sitiar la ciudad y tomar participación en ello como combatiente activo.

Cualidades esenciales de este guerrillero deben ser la disciplina, en mayor grado quizás que ninguno, y la discreción. No podrá contarse con más de dos o tres casas amigas que brinden el alimento; es casi seguro que un cerco en esas condiciones equivalga a la muerte; las armas, además, no serán de la misma categoría que las de los otros núcleos. Serán de defensa personal, solo las que no obstaculicen una huida rápida y un escondite seguro. No deberán tener sino una carabina o una escopeta recortada o dos y los demás miembros, pistolas, como armas óptimas.

Nunca se realizarán hechos armados sino por sorpresa sobre uno o dos miembros de la tropa enemiga o su servicio de confidentes, centralizando la acción en el sabotaje ordenado.

Para esto necesitan un amplio equipo instrumental. El guerrillero tiene que tener sierras adecuadas, grandes cantidades de dinamita, picos y palas, aparatos de trabajo para levantar líneas férreas; en fin, un equipo mecánico adecuado al trabajo que va a realizar y escondido en lugares seguros, al alcance fácil de la mano del que lo necesite.

Si hay más de una guerrilla, dependerán todas de un solo jefe, el que ordenará los trabajos necesarios a través de contactos de probada confianza que hagan vida civil. Podrá en ciertos casos el guerrillero mantener su trabajo de épocas de paz, pero esto es muy difícil; prácticamente, la guerrilla suburbana es un grupo de hombres que ya está fuera de la ley, que tiene complexión de ejército, situado en las condiciones tan desfavorables que hemos descrito.

La importancia de una lucha suburbana ha sido muy desestimada, pero es extraordinaria. Un buen trabajo de este tipo, extendido sobre una amplia área, paraliza casi completamente la vida comercial e industrial de ese sector y coloca a la población entera en una situación de intranquilidad, de angustia, de ansias casi del desarrollo de sucesos violentos para salir de esa espera. Si desde el primer momento del inicio de la guerra se piensa en la posibilidad futura y se van

organizando especialistas en este tipo de lucha, se garanti-
zará una acción mucho más rápida y por tanto un ahorro de
vidas y del precioso tiempo de la nación.

Capítulo II. La guerrilla

1. El guerrillero: Reformador social

Ya habíamos identificado al guerrillero como un hombre que hace suya el ansia de liberación del pueblo y, agotados los medios pacíficos de lograrla, inicia la lucha, se convierte en la vanguardia armada de la población combatiente. Al comenzar la lucha, lo hace ya con la intención de destruir un orden injusto y, por lo tanto, más o menos veladamente con la intención de colocar algo nuevo en lugar de lo viejo.

Habíamos dicho también que en las condiciones actuales de América, por lo menos, y de casi todos los países poco desarrollados económicamente, los lugares que ofrecían condiciones ideales para la lucha eran campestres y por lo tanto la base de las reivindicaciones sociales que levantará el guerrillero será el cambio de la estructura de la propiedad agraria.

La bandera de lucha durante todo este tiempo será la reforma agraria. Al principio, esta bandera podrá estar o no completamente establecida en sus aspiraciones y en sus límites, o simplemente se referirá al hambre secular del campesino por la tierra donde trabaja o la que quiere trabajar.

Las condiciones en que se vaya a realizar una reforma agraria dependen de las condiciones que existan antes de iniciar la lucha y de la profundidad social de la misma. Pero el guerrillero, como elemento consciente de la vanguardia popular, debe tener una conducta moral que lo acredite como verdadero sacerdote de la reforma que pretende. A la austeridad obligada por difíciles condiciones de la guerra debe sumar la austeridad nacida de un rígido autocontrol que impida un solo exceso, un solo desliz, en ocasión en que las circunstancias pudieran permitirlo. El soldado guerrillero debe ser un asceta.

Y en cuanto a las relaciones sociales, variarán de acuerdo
con el desarrollo de la guerra. En el primer momento, recién
iniciados casi, no podrá ni siquiera intentarse cambio alguno en la composición social del lugar.

Las mercancías que no puedan comprarse serán pagadas
con bonos y rescatados los mismos en la primera oportunidad.

Al campesino siempre hay que ayudarlo técnica, económica, moral y culturalmente. El guerrillero será una especie
de ángel tutelar caído sobre la zona para ayudar siempre
al pobre y para molestar lo menos posible al rico, en los
primeros momentos del desarrollo de la guerra. Pero ésta seguirá su curso; las contradicciones seguirán agudizándose,
llegará un momento en que muchos de los que miraban con
cierta simpatía a la revolución se pondrán en una posición
diametralmente opuesta; darán el primer paso en la batalla
contra las fuerzas populares. En este momento el guerrillero
debe actuar y convertirse en el abanderado de la causa del
pueblo, castigando con justicia cualquier traición. La propiedad privada deberá adquirir en las zonas de guerra su
función social. Vale decir, la tierra sobrante, el ganado no
necesario, para la manutención de una familia adinerada,
deberá pasar a manos del pueblo y ser distribuido equitativa
y justicieramente.

Debe siempre respetarse el derecho del poseedor a recibir
un pago por las pertenencias utilizadas para el bien social,
pero ese pago se hará en bonos («bonos de esperanza», les

llamaba nuestro maestro el general Bayo,[7] refiriéndose al vínculo que queda establecido entre deudor y acreedor).

La tierra y pertenencias o industrias de enemigos connotados y directos de la revolución deben pasar inmediatamente a manos de las fuerzas revolucionarias. Y aprovechando el calor de la guerra, estos momentos en que la fraternidad humana adquiere sus valores más altos, debe impulsarse todo tipo de trabajo en cooperativas que la mentalidad de los habitantes del lugar permita.

El guerrillero, como reformador social, no solo debe constituir un ejemplo en cuanto a su vida, sino que también debe orientar constantemente en los problemas ideológicos, con lo que sabe o con lo que pretende hacer en determinado momento y, además, con lo que va aprendiendo en el transcurso de los meses o años de guerra que actúan favorablemente sobre la concepción del revolucionario, radicalizándolo a medida que las armas han demostrado su potencia y a medida que la situación de los habitantes del lugar se ha hecho carne en su espíritu, parte de su vida, y comprende la justicia y la necesidad vital de una serie de cambios cuya importancia teórica le llegaba antes, pero cuya urgencia práctica estaba escondida la mayor parte de las veces.

Y esto sucede muy a menudo porque los iniciadores de la guerra de guerrillas o, por mejor decir, los directores de la guerra de guerrillas, no son hombres que tengan la espalda curvada día a día sobre el surco; son hombres que comprenden la necesidad de los cambios en cuanto al trato social de los campesinos pero no han sufrido, en su mayoría, las

7   Se refiere a Alberto Bayo Giroud (Camagüey, Cuba, 27 de marzo de 1892-La Habana, 4 de agosto de 1967) combatió en la Guerra civil española y fue instructor militar de la Revolución cubana. (*N. del E.*)

amarguras de ese trato. Y sucede entonces —y aquí estoy ampliando la experiencia cubana y partiendo de ella— que se produce una verdadera interacción entre estos directores que enseñan al pueblo con los hechos la importancia fundamental de la lucha armada y el pueblo mismo que se alza en lucha y enseña a los dirigentes esas necesidades prácticas de que hablamos. Así, del producto de esta interacción del guerrillero con su pueblo, surge la radicalización progresiva que va acentuando las características revolucionarias del movimiento y le van dando una amplitud nacional.

2. El guerrillero como combatiente

La vida y características del guerrillero, fundamentalmente esbozadas, exigen una serie de condiciones físicas, mentales y morales para adaptarse a ella y poder cumplir a cabalidad la misión encomendada.

La primera interrogación que surge es, ¿cómo debe ser el soldado guerrillero? y hay que contestar que el soldado guerrillero debe ser preferentemente habitante de la zona. Porque allí tiene sus amistades a quienes recurrir personalmente; porque, al pertenecer a la misma zona, la conocerá —que es uno de los factores importantes de la lucha guerrillera el conocimiento del terreno— y, porque estará habituado a las vicisitudes que en ella pase y podrá entonces rendir un mejor trabajo, sin contar con que agregará a todo esto, el entusiasmo de defender lo suyo o luchar por cambiar el régimen social que atenta contra su mundo.

El combatiente guerrillero es un combatiente nocturno, y al decir esto se dice también que tiene todas las cualidades de la nocturnidad. Debe ser solapado, marchar hacia el lugar del combate, por llanos o montañas, sin que nadie se entere de sus pasos y caer sobre el enemigo aprovechando el factor sorpresa, muy importante de recalcar en este tipo de lucha. Luego del pánico que causa toda sorpresa, debe lanzarse a la lucha implacablemente, sin admitir una sola debilidad en los compañeros y aprovechando el menor indicio de ella por parte del contrario. Cayendo como una tromba, destruyéndolo todo, sin dar cuartel que no sea el que las circunstancias tácticas aconsejen, ajusticiando a quien haya que ajusticiar, sembrando el pánico entre los combatientes enemigos, pero, al mismo tiempo, tratando benévolamente a los vencidos indefensos, respetando también a los muertos.

Un herido debe ser sagrado, curársele lo mejor posible —salvo que su vida anterior lo haga acreedor a un castigo de la magnitud de la muerte, en cuyo caso se procederá de acuerdo con los antecedentes del sujeto—. Lo que nunca puede hacerse es llevar un prisionero, salvo que se tenga ya una sólida base de operaciones, inexpugnable para el enemigo. En caso contrario, ese prisionero se convertirá en arma peligrosísima contra la seguridad de los habitantes de la región o la guerrilla misma por los informes que pudiera dar al reintegrarse al ejército de donde proviene. Si no fuera un connotado criminal, se le dejará en libertad luego de arengarlo.

El combatiente guerrillero debe arriesgar su vida cuantas veces sea necesario, estar dispuesto a rendirla sin el menor asomo de duda en el momento preciso pero, al mismo tiempo debe ser precavido y no exponerse nunca innecesariamente. Todas las precauciones posibles deben ser tomadas para evitar un desenlace adverso o un aniquilamiento. Por ello es importantísimo en todo combate la vigilancia total de los puntos por donde puedan llegar refuerzos al enemigo, incluso para evitar un cerco, cuyas consecuencias no suelen ser tan grandes en cuanto a la magnitud del desastre físico que ocasiona, sino del desastre moral que reporta la pérdida de fe en las posibilidades de la lucha.

Sin embargo, debe ser audaz, analizar correctamente los peligros y las posibilidades de una acción y estar siempre presto a tomar una actitud optimista frente a las circunstancias y a encontrar una decisión favorable aún en los momentos en que el análisis de las condiciones adversas y favorables no arroje un saldo positivo apreciable.

Para que el guerrillero pueda sobrevivir en medio de las condiciones de la lucha y acción del enemigo, se precisa un grado de adaptabilidad que permita al combatiente identificarse con el medio en que vive, adaptarse a él, aprovecharlo lo más posible como su aliado. Al mismo tiempo precisa una rápida concepción y una inventiva instantánea que permita cambiar el curso de los hechos de acuerdo con la marcha de la acción decisiva.

Estas adaptabilidades e inventivas de los ejércitos populares son las que arruinan todas las estadísticas y las que frenan el impulso de los amos de la guerra.

El guerrillero no debe de ninguna manera, dejar a un compañero herido a merced de las tropas enemigas pues la suerte de éste será, casi seguramente, la muerte. Cueste lo que cueste, hay que retirarlo de las zonas de combate para trasladarlo a un lugar seguro. Las más grandes fatigas y los más grandes peligros deben correrse para esta tarea. El soldado de guerrillas debe ser un extraordinario compañero.

Al mismo tiempo, será callado. Todo lo que se diga o se haga delante de él debe permanecer reservado estrictamente a su propio conocimiento, nunca permitirse una sola palabra de más, aun con los propios camaradas de lucha, pues el enemigo tratará en todo momento de introducir sus hombres dentro de la estructura de la guerrilla para tratar de enterarse de planes, lugares y medios de vida seguidos o utilizados por ella.

Además de las cualidades morales que hemos apuntado, debe poseer una serie de cualidades físicas importantísimas. El soldado guerrillero tendrá que ser infatigable. Habrá que encontrar un más allá en el momento en que el cansancio parezca ser ya intolerable. Siempre tiene que relucir su gesto, sacado de lo más hondo del convencimiento, que obligue a dar otro paso, no el último tampoco, pues conseguirá otro, y otro, y otro hasta llegar al lugar designado por los jefes.

Debe ser sufrido hasta un grado extremo, no solo para sobrellevar las privaciones de alimentos, de agua, de vestido y techo a que se ve sometido en todo momento, sino también para soportar las enfermedades y las heridas que muchas veces deben curarse sin mayor intervención del cirujano, con la sola acción de la naturaleza; y debe serlo así, porque la mayoría de las veces el individuo que abandona la zona guerrillera, para ir a curarse algún mal o alguna herida, es asesinado por el enemigo.

Para cumplir estas condiciones, necesita también una salud de hierro que lo haga resistir todas estas adversidades sin enfermarse y que convierta su vida de animal acosado en un factor más de fortalecimiento, para hacerse, ayudado por la adaptabilidad natural, algo así como una parte misma de la tierra donde combate.

Todas estas consideraciones nos llevan a preguntarnos: ¿cuál será la edad ideal para el guerrillero? Siempre estos límites son muy difíciles de precisar por una serie de características sociales y hasta individuales que amplían o disminuyen la cifra. Un campesino, por ejemplo, será mucho más resistente que un hombre de ciudad. Un hombre de ciudad, acostumbrado a los ejercicios físicos y a la vida sana, será mucho más eficiente que un hombre que viviera toda su vida detrás de un escritorio, pero, en términos generales, se puede decir que la edad máxima del combatiente, en la etapa absolutamente nómada de la guerrilla, no debe ser mayor de cuarenta años, salvo algunas excepciones que se dan, sobre todo, entre los campesinos. Uno de los héroes de nuestra lucha, el comandante Crescencio Pérez, entró en la Sierra con sesenta y cinco años y era en ese momento uno de los hombres más útiles de la tropa.

Podemos preguntarnos también si es necesaria una composición social determinada entre los miembros de una guerrilla. Se ha dicho que esta composición social debe ajustarse a la que tenga la zona elegida como centro de operaciones, es decir, que el núcleo combatiente del ejército guerrillero debe ser campesino. El campesino es, evidentemente el mejor soldado, pero esto no quiere decir de ninguna manera que se excluya a los demás elementos de la población, quitándoles la oportunidad de luchar por una causa justa. Además, las excepciones individuales son muy importantes también en este aspecto.

Todavía no se ha fijado la edad límite inferior. Creemos que no se debe aceptar, salvo, también circunstancias especialísimas, a menores de dieciséis años en la contienda. Aquí, en general, estos muchachos, casi niños, no tienen el suficiente desarrollo como para poder soportar los trabajos, las inclemencias, los sufrimientos a que serán sometidos.

Puede decirse que la mejor edad del guerrillero fluctúa entre los veinticinco y los treinta y cinco años, etapa en que la vida ha tomado cauces definitivos para todos y quien se va, abandonando su hogar, sus hijos y su mundo entero, ya ha meditado bien su responsabilidad y lo hace con la decisión firme de no retroceder un paso. También entre los niños hay casos extraordinarios de combatientes que han logrado las más altas graduaciones de nuestro Ejército rebelde, pero no es esto la normal y, por uno que haya mostrado sus grandes condiciones combatientes, hay decenas que debieron ser reintegrados a sus hogares y que constituyeron durante mucho tiempo un lastre peligroso para la guerrilla.

El guerrillero, ya lo dijimos, es un soldado que lleva, como el caracol, su casa a cuestas, de modo que tiene que ordenar su mochila de forma tal que la menor cantidad de utensilios rinda la mayor utilidad posible. Solamente llevará lo imprescindible pero lo conservará a través de todas sus peripecias como algo fundamental que no puede, perderse, sino en situaciones adversas extremas.

Por eso mismo, también su armamento será exclusivamente el que lleve consigo. Muy difícilmente habrá reaprovisionamiento, sobre todo de balas; no mojarlas, repasarlas siempre, contarlas una a una para que no se pierdan, es la consigna, y el fusil, mantenerlo en constante estado de limpieza, bien engrasado, con el cañón reluciente, siendo conveniente que el jefe de cada grupo aplique algún castigo a los que no tengan en estas condiciones el armamento.

Gentes con características tan notables de devoción y firmeza que les permitan actuar en las condiciones adversas ya descritas, tienen que tener un ideal. Este ideal es simple, sencillo, sin mayores pretensiones, y, en general, no va muy lejos, pero es tan firme, tan claro, que por él se da la vida sin la menor vacilación. Es, en casi todos los campesinos, el derecho a tener un pedazo de tierra propia para trabajarla y a disfrutar de un trato social justo. Entre los obreros, tener trabajo, recibir un salario adecuado y también un trato social justo. Entre los estudiantes y profesionales se encuentran ideas más abstractas como es el sentido de la libertad por la que se lucha.

Todo esto nos lleva a preguntarnos cómo vive el guerrillero. Su vida normal es la caminata. Vamos a poner, por ejemplo, un guerrillero de montaña situado en las regiones boscosas, con acoso constante por parte del enemigo. En estas condiciones, una guerrilla se mueve durante las horas del día para cambiar de posición, sin comer; llega la noche, y en algún claro, cerca de una aguada, se establece el campamento siguiendo la acostumbrada organización, juntándose cada grupo para alimentarse en común y, al atardecer, se encienden los fogones, con lo que haya.

El guerrillero come cuando puede y todo lo que puede. A veces fabulosas raciones desaparecen en las fauces del combatiente, y otras pasa dos o tres días de ayuno, sin menguar su capacidad de trabajo.

La vivienda será el cielo abierto; interpuesto entre éste y la hamaca, un pedazo de tela impermeable de nylon, más o menos grande, y debajo de la hamaca y de la tela, la mochila, el fusil y las balas, es decir, los tesoros del guerrillero. Hay lugares donde no conviene quitarse los zapatos ante la posibilidad de un ataque sorpresivo del enemigo. El zapato es otro de sus preciados tesoros. Quien tiene un par de ellos asegura una existencia feliz dentro del ámbito de las necesidades imperantes.

Así irá transcurriendo día tras día, sin acercarse a ningún lugar, escapando a todo contacto que no haya ya previamente establecido, viviendo en las zonas más agrestes y pasando hambre, sed a veces, frío, calor; sudando en las continuas marchas, secando su sudor sobre él y agregando nuevos sudores, sin que haya la posibilidad de un aseo continuo (aunque esto dependa también de la disposición individual de la persona, como en todos los casos).

Durante la pasada guerra, al entrar en el caserío de El Uvero, después de una marcha de 16 kilómetros y una lucha de dos horas 45 minutos a pleno Sol, más muchos días pasados en condiciones muy adversas; a orillas del mar, con una temperatura cálida, con un Sol rajante, nuestros cuerpos despedían un olor característico y agresivo que repelía cualquier extraño que se acercara. Nuestro olfato estaba completamente sincronizado con ese tipo de vida; las hamacas de los guerrilleros se conocían por su característico olor individual.

En las condiciones descritas, los campamentos deben ser fácilmente levantables, no deben quedar huellas que lo delaten; la vigilancia tiene que ser extrema. Por diez hombres que duerman, debe haber uno o dos en vela, renovarse continuamente los centinelas y mantener todas las entradas del campamento bien vigiladas.

La vida de campaña enseña una serie, de trucos para hacer la comida, unos para hacerla más rápida, otros para condimentarla con cualquier pequeñez que se encuentre en el monte, otros para inventar nuevos platos que den un aspecto variado al menú guerrillero, compuesto esencialmente de tubérculos, granos, sal, algo de aceite o manteca y, muy esporádicamente, trozos de carne de algún animal sacrificado, esto en cuanto al panorama de un grupo operando en sectores de áreas tropicales.

Dentro del andamiaje de la vida combatiente, el hecho más interesante, el que lleva a todos al paroxismo de la alegría y hace marchar con renovados bríos, es el combate. El combate, clímax de la vida guerrillera, se produce en el momento oportuno en que ha sido localizado e investigado algún campamento enemigo lo suficientemente débil como para ser aniquilado, o en el momento en que una columna adversaria avance hacia el territorio directamente ocupado por la fuerza liberadora. Ambos casos son diferentes.

Contra el campamento, la acción será global y tenderá fundamentalmente, a cazar a los miembros de las columnas que vengan a romper el cerco, porque nunca un enemigo atrincherado es la presa favorita del guerrillero; el enemigo en movimiento, nervioso, falto de conocimiento del terreno temeroso de todo, sin protecciones naturales para defenderse, es la presa ideal. Por mala situación que tenga quien está parapetado, con poderosas armas para repeler una agresión, no estará nunca en las mismas condiciones de una larga columna que es atacada sorpresivamente por dos o tres lugares, fraccionada, y cuyos atacantes se retiran antes de cualquier reacción en caso de no poder cercarla y destruirla totalmente.

Si no hay posibilidades de derrotar por hambre o sed o por un asalto directo a los que están atrincherados en el campamento, después que el cerco haya dado sus frutos destruyendo a las columnas invasoras, debe retirarse. En el caso de que la columna guerrillera sea demasiado débil y la columna invasora demasiado fuerte, la acción se centrará sobre la vanguardia. Hay que tener una predilección especial por ésta, cualquiera que sea el resultado a que se quiere llegar, pues después que se ha golpeado unas cuantas veces sobre la misma y se ha difundido entre los soldados la noticia de la muerte casi constante de quienes ocupan los primeros lugares, la renuencia a ocuparlos provoca hasta verdaderos motines. Por ello, debe siempre golpearse allí, aunque además se golpee en cualquier otro punto de la columna.

Del equipo del guerrillero depende la mayor o menor facilidad con que pueda cumplir su función y adaptarse al medio. El guerrillero, aun reunido en los pequeños conglomerados que constituyen su grupo de acción, tiene características individuales. Debe tener en su mochila todo lo necesario para subsistir en caso de quedar solo durante algún tiempo y, además, su casa habitual.

Al dar la lista del equipo, nos referiremos esencialmente al que podría llevar un individuo colocado en las situaciones de inicio de una guerra, en terreno accidentado, con lluvia frecuente, frío relativo y acoso del enemigo, es decir, nos colocamos en la situación del inicio de la guerra cubana de liberación.

El equipo del guerrillero se divide en esencial y accesorio. Entre los primeros está la hamaca que permite descansar adecuadamente. Además, siempre se encuentran dos árboles donde tenderla y puede servir, en caso de dormir en el suelo, de colchón. Siempre que haya lluvia o esté el terreno mojado, lo que ocurre con mucha frecuencia en las zonas montañosas tropicales, la hamaca es imprescindible para poder conciliar el sueño, un pedazo de tela impermeable de nylon es su complemento. Se usa el nylon de un tamaño que permita cubrir la hamaca, con cuatro cordeles atados en sus respectivas puntas y un cordel mediano que se ata en los mismos árboles donde será tendida. El último cordel sirve entonces de divisoria de las aguas y el nylon se ata por sus puntas a cualquier otro arbusto cercano formando una pequeña tienda de campaña.

La frazada es imprescindible, pues hace mucho frío en la montaña al caer la noche. Es necesario llevar también un abrigo que permita a su poseedor afrontar los cambios extremos de temperatura. El vestuario se compondrá de pantalón y camisa de trabajo rudo, sea de uniforme o no. Los zapatos deben ser de la mejor construcción posible y uno de los primeros artículos que hay que tener en reserva; pues sin ellos se hace muy difícil la marcha.

Como el guerrillero lleva la casa a cuestas en su mochila, ésta es algo muy importante. Las más primitivas pueden hacerse con un saco cualquiera al que se adaptan dos asas de soga, pero son preferibles las de lona que existen en el mercado o hechas por algún talabartero. Siempre el guerrillero debe llevar alguna comida personal, además de la que tiene la tropa o se consuma en el lugar de descanso. Artículos imprescindibles son: el más importante, manteca o aceite, necesario para el consumo de grasas del organismo; productos enlatados que no deben consumirse sino en circunstancias en que ya no exista, materialmente, la posibilidad de lograr comida para cocinar, o cuando haya demasiadas latas y su peso impida la marcha; las conservas de pescado, de gran poder nutritivo, la leche condensada, buen alimento, sobre todo por la gran cantidad de azúcar que contiene, y, además, por su sabor una golosina, puede llevarse también leche en polvo; el azúcar es otra parte esencial del equipo; y lo es la sal, sin la cual la vida resulta un martirio. Algunas sustancias que sirvan de condimento a las comidas, para lo cual las más comunes son la cebolla y el ajo, aunque puede haber otras que varíen de acuerdo con la característica del país. Con esto cerramos el capítulo de lo esencial.

El guerrillero debe llevar plato, cuchara y cuchillo de monte que le sirva para todos los diferentes trabajos necesarios. El plato puede ser de campaña o también alguna olla o lata donde se cocine desde un pedazo de carne frita hasta una malanga, una papa o se haga alguna infusión como té o café.

Para cuidar el fusil es necesario grasas especiales, que deben ser muy cuidadosamente administradas —el tipo de aceite de máquina de coser es muy bueno si no hay uno especial— pañoletas o paños que sirvan para repasar constantemente las armas y una baqueta para limpiarlas por dentro, trabajo que debe efectuarse con cierta frecuencia. La canana será de fabricación standard o casera según las posibilidades pero debe ser suficientemente buena para no perder ni un solo proyectil; las balas son la base de la lucha, sin ellas todo lo demás sería vano, hay que cuidarlas como oro.

Debe llevarse una cantimplora o un botellón con agua, pues es imprescindible beberla en abundancia y no siempre se está en condiciones de lograrla en el momento indicado. Entre los medicamentos hay que llevar los de uso general en todos los casos, como puede ser la penicilina u otro tipo de antibiótico, sobre todo el tipo oral, bien cerrados, calmantes febrífugos como la aspirina y medicamentos adecuados para combatir las enfermedades endémicas del lugar. Pueden ser tabletas contra el paludismo, sulfas para diarreas, antiparasitarios de cualquier tipo; en fin, acoplar la medicina a las características de la región. Es conveniente, en lugares donde haya animales venenosos, que se lleve el suero correspondiente, el resto del equipo médico debe ser quirúrgico. Además, pequeños equipos personales para curas de menor importancia.

Un complemento habitual y sumamente importante en la vida del guerrillero, es la fuma, ya sean tabacos, cigarros o picadura para la pipa, pues el humo que puede echar en momentos de descanso es un gran compañero del soldado solitario. La pipa es muy útil, pues permite aprovechar al máximo, en los momentos de escasez, todo el tabaco de los cigarros o el que queda en las colillas de los puros. El fósforo es importantísimo no solo para encender cigarros sino para prender el fuego, que es uno de los grandes problemas del monte en época de lluvia. Es preferible llevar fósforos y un encendedor, de modo que si a éste le falta la carga queden aquellos como sustitutos.

Es conveniente que se lleve jabón, no tanto para el aseo personal como para el de las vasijas, pues son frecuentes las infecciones intestinales o irritaciones producto de las comidas fermentadas que se ingieren conjuntamente con la nueva, debido a la vasija sucia. Con todo el equipo descrito, un guerrillero puede tener la seguridad de vivir en el monte en cualquier condición adversa los días necesarios para capear la situación, por mala que sea.

Hay accesorios que a veces son útiles y otras constituyen un estorbo, pero que, en general, prestan gran utilidad. La brújula es uno de ellos, aunque, en una zona dada, al principio se utiliza mucho como complemento para la orientación pero, poco a poco el conocimiento del terreno hace innecesario este instrumento, por otro lado, muy difícil de usar en terrenos montañosos, pues la ruta que indica no es frecuentemente la ideal para llegar de un lugar a otro, ya que la línea recta suele estar cortada por obstáculos insalvables.

Otro implemento útil es un pedazo de tela de nylon extra para tapar todos los equipos en un momento de lluvia. Recuérdese que la lluvia es, en los países tropicales, muy constante en ciertos meses y que el agua es enemiga de todos los implementos del guerrillero, ya sea comida, armamento, medicinas, papeles o ropa.

Una muda de ropa puede ser llevada pero constituye en general carga de novatos. Lo usual es llevar como máximo un pantalón, suprimiendo la ropa interior y otros artículos como la toalla. Es que la vida del guerrillero enseña el aho-

rro de energía para llevar la mochila de un lado a otro e irá
quitando todo lo que no tiene valor esencial.

Un pedazo de jabón que sirva tanto para lavar los enseres
como el aseo personal, un cepillo de dientes y la pasta, son
los adminículos de aseo. Es conveniente que se lleve algún
libro, intercambiable entre los miembros de la guerrilla, libros que pueden ser buenas biografías de héroes del pasado,
historias o geografías económicas, preferentemente del país,
y algunas obras de carácter general que tiendan a elevar el
nivel cultural de los soldados y disminuyan la tendencia al
juego u otra forma de distraer el tiempo, a veces demasiado
largo en la vida del guerrillero.

Siempre que haya un espacio extra en la mochila debe
llenarse de comida, salvo en zonas que ofrezcan condiciones muy ventajosas para la alimentación. Pueden llevarse
golosinas o comida de menor importancia que sirva de complemento a las básicas. La galleta puede ser una de ellas,
aunque ocupa mucho lugar y se rompe convirtiéndose en
polvo. En los montes cerrados es útil llevar un machete; en
los lugares muy húmedos, una botellita con gasolina o conseguir madera resinosa del tipo del pino que permita en un
momento dado hacer fuego aunque el leño esté mojado.

Debe ser un complemento habitual del guerrillero, una
libreta que sirva para anotar datos, para cartas al exterior o
comunicación con otras guerrillas, así como lápiz o pluma.
Siempre debe tener a mano pedazos de cordel, o soga que
tiene múltiples aplicaciones y además llevar aguja, hilo y bo-
tones para la ropa. El guerrillero que lleve este equipo tendrá
una sólida casa a sus espaldas, de un peso considerable pero
suficiente para asegurarse la vida más cómoda dentro de la
dura faena de la campaña.

3. La organización de una guerrilla

La organización de una guerrilla no puede hacerse siguiendo un esquema rígido; habrá innumerables diferencias, producto de la adaptación al medio en que se aplique. Por razones de exposición supondremos que nuestra experiencia tiene valor universal, pero recordando siempre que, al divulgarla, se está dejando, en cada momento, la posibilidad de que haya una nueva manera de hacerlo que convenga más a las particularidades del grupo armado de que se trate.

El número de los componentes de la guerrilla es uno de los problemas más difíciles de precisar; hay diferentes números de hombres, diferente constitución de la tropa, como ya hemos explicado. Vamos a suponer una fuerza situada en terreno favorable, montañoso, con condiciones no tan malas como para estar en perpetua huida, pero no tan buenas como para tener base de operaciones. Un núcleo armado situado en este panorama no debe tener como unidad combatiente más de 150 hombres y ya esta cantidad es bastante alta; el ideal sería unos 100 hombres. Esto constituye una columna y está mandada, también de acuerdo con la escala jerárquica cubana, por un comandante, es bueno recalcar que en nuestra guerra se hizo omisión de los grados de cabo y de sargento, por considerarlos representativos de la tiranía.

Partiendo de estas premisas, un comandante manda el total de las fuerzas, de 100 a 150 hombres, y habrá tantos capitanes como grupos de treinta o cuarenta hombres puedan formarse. El capitán tiene la función de dirigir y aglutinar su pelotón, hacerlo pelear casi siempre unido y encargarse de la distribución y de la organización general del mismo. En la guerra de guerrillas, la escuadra es la unidad funcional. Cada una, aproximadamente de ocho a doce hombres, tiene un teniente, el que cumple unas funciones análogas a las de capitán para su grupo, pero tiene que estar en constante subordinación a éste.

La tendencia operacional de la guerrilla, que es actuar en núcleos pequeños, hace que la verdadera unidad sea la escuadra; ocho o diez hombres es el máximo que puede actuar unido en una lucha en estas condiciones y, por lo tanto, actuará el grupo bajo las órdenes del jefe inmediato, muchas veces separados del capitán aunque en el mismo frente de lucha, salvo circunstancias especiales. Lo que no se debe hacer nunca es fraccionar la unidad y mantenerse así en los momentos en que no hay lucha. Cada escuadra y pelotón tendrán asignados el sucesor inmediato en caso de que caiga el jefe, el que debe estar lo suficientemente entrenado para poder hacerse cargo inmediatamente de su nueva responsabilidad.

Uno de los problemas fundamentales de esta tropa, en la cual desde el último hombre hasta el jefe deben recibir el mismo trato, es la alimentación. Esta adquiere una importancia extrema debido no solo a la subnutrición crónica, sino también por ser el reparto el único acontecimiento cotidiano. La tropa, muy sensible a la justicia, mide con espíritu crítico las raciones; nunca debe permitirse el menor favoritismo con nadie. Si por alguna circunstancia la comida se reparte entre toda la columna, debe establecerse un orden y respetarlo estrictamente y, al mismo tiempo, respetar también las cantidades y calidades de alimento dado a cada uno. En la distribución de vestimentas el problema es diferente; serán artículos de uso individual.

Deben primar en estos casos dos hechos; primero, la necesidad que tengan los reclamantes, que casi siempre serán superiores a la cantidad de objetos a distribuir y, segundo, el tiempo de lucha y los méritos que tenga cada uno de los mismos.

El sistema del tiempo y los méritos, difícil de precisar, debe ser llevado en cuadros especiales por algún encargado de ello, sujeto a la inspección directa del jefe de la columna. Exactamente igual sucede con los otros artículos que eventualmente lleguen y que no sean de uso colectivo. El tabaco y los cigarros deben ser repartidos de acuerdo con la norma general de igual trato a todo el mundo.

Para esta tarea de reparto debe haber personas encargadas especialmente de hacerlo. Es preferible que pertenezcan directamente a la Comandancia. La Comandancia realiza, pues, tareas administrativas, de enlace, muy importantes, y todas las otras fuera de lo normal que deban hacerse. Los oficiales de más inteligencia deben estar en ella, sus soldados deben ser despiertos y de un sentido del sacrificio llevado al máximo, pues las exigencias serán en la mayoría de los casos superiores a la del resto de la tropa; sin embargo, no pueden tener derecho a ningún trato especial en la comida.

Cada guerrillero lleva su equipo completo pero hay una serie de implementos de importancia social dentro de la columna que deben ser distribuidos equitativamente. Para esto pueden establecerse dos criterios, dependiendo ellos de la cantidad de gente desarmada que tenga la tropa. Uno de ellos es el de distribuir todos los objetos, como medicinas, implementos médico-quirúrgicos u odontológicos, comida extra, vestuario, enseres generales sobrantes, implementos bélicos pesados, en forma igualitaria entre todos los pelotones, que se responsabilizarán de la custodia del material asignado.

Cada capitán distribuirá los enseres entre las escuadras, y cada jefe de escuadra entre sus hombres. Otra solución a emplear, cuando no toda la tropa está armada, es hacer escuadras o pelotones especiales encargados del transporte; esto suele ser más beneficioso; pues no se recarga tanto al soldado, ya que los desarmados están libres del peso y responsabilidad del fusil. De ese modo no corren tanto peligro de perderse las cosas, pues están más concentradas y al mismo tiempo constituye un incentivo para los portadores cargar más y mejor y demostrar, más entusiasmo, ya que puede ser uno de los premios que permita el empuñar el arma en un futuro. Estos pelotones marcharán en las últimas posiciones y tendrán los mismos deberes y el mismo trato que el resto de la tropa.

Las tareas a realizar en una columna varían de acuerdo con la actividad de la misma. Si permanece en el campamento habrá equipos especiales de vigilancia. Conviene tener tropas aguerridas, especializadas, a las que se les dé algún premio por esta tarea, y que en general consiste en cierta independencia o en distribuir algún exceso de golosinas o tabaco entre los miembros de las unidades que hagan tareas extraordinarias, después de haber repartido lo que corresponde a toda la columna. Por ejemplo, si son 100 hombres y hay 115 cajetillas de cigarros, esas quince cajetillas extras podrán ser distribuidas entre los miembros de las unidades a las que me he referido. La vanguardia y la retaguardia, perfectamente diferenciadas del resto, tendrán a su cargo las tareas principales de vigilancia, pero cada uno de los pelotones debe tener la suya propia. Cuanto más lejos del campamento se vigile, estando en zona libre, sobre todo, mayor es la seguridad del grupo.

Los lugares elegidos deben estar en una altura, dominar una amplia área de día, y ser de difícil acceso durante la noche. Si se va a permanecer algunas jornadas, es conveniente construir defensas que permitan sostener el fuego adecuadamente en caso de un ataque. Estas defensas pueden ser destruidas al retirarse la guerrilla del lugar o abandonar las mismas si las circunstancias ya no hacen necesario un ocultamiento total del paso de la columna.

En sitios en que se establezcan campamentos permanentes, las defensas deben ir perfeccionándose en forma constante. Recuérdese que en una zona montañosa, en terreno adecuadamente elegido, la única arma pesada efectiva es el mortero. Utilizando techos adecuados con los materiales de la región, maderas, piedra, etc., se logra hacer refugios perfectos que impiden la aproximación de las huestes contrarias, resguardando a las propias de los obuses.

En el campamento es muy importante mantener la disciplina, disciplina que debe tener características educativas, haciendo que los guerrilleros se acuesten a determinada hora, se levanten también a hora fija, impidiendo que se dediquen a juegos que no tengan una función social y que tiendan a disolver la moral de la tropa, prohibiendo la ingestión de bebidas alcohólicas, etc. Todas estas tareas las realiza una comisión de orden interior, elegida entre los combatientes de más méritos revolucionarios. Otra misión de éstos, es impedir que se encienda fuego en lugares visibles desde lejos, o que se levanten columnas de humo cuando todavía no ha anochecido y también vigilar que se limpie el campamento al abandonarlo la columna, si es que se quiere mantener un absoluto secreto de la permanencia en determinado lugar.

Hay que tener mucho cuidado con los fogones, cuyas huellas duran mucho tiempo, por lo que es necesario taparlos con tierra, enterrando además los papeles, las latas, y residuos de alimentos que se hayan consumido. Durante la marcha debe existir el más absoluto silencio en la columna. Las órdenes se pasan por gestos o susurros y va corriendo la voz de boca en boca hasta llegar al último. Si la guerrilla marcha por lugares desconocidos, abriéndose camino o guiándose mediante algún práctico, la vanguardia irá a unos cien o doscientos metros o más, adelante, según las características del terreno. En lugares que pudieran prestarse a confusiones en cuanto a la ruta, se dejará un hombre en cada desvío esperando al de atrás, y así sucesivamente hasta que llegue el último de la retaguardia. Esta también irá algo separada del resto de la columna, vigilando los caminos posteriores, y tratando de borrar lo más posible la huella del paso de la misma. Si hubiera caminos laterales que ofrecieran peligro, constantemente tiene que haber un grupo que vigile el citado camino hasta que pase el último hombre. Es más práctico que esos grupos se utilicen de un solo pelotón especial, aunque pueden ser de cada pelotón, con la obligación de entregar el puesto a los miembros del siguiente y reintegrarse ellos a su lugar y así sucesivamente hasta que pase toda la tropa.

La marcha debe ser no solamente uniforme y en orden establecido, sino que éste hay que mantenerlo siempre, de modo que se sepa que el pelotón número 1 es la vanguardia, el pelotón número 2 el que le sigue, en el medio el pelotón número 3 que puede ser la Comandancia; luego el número 4, y la retaguardia o pelotón número 5, o en el número de ellos que constituyan la columna, pero siempre conservando el orden. En marchas nocturnas el silencio debe ser mayor y la distancia entre cada combatiente acortarse, de modo de no sufrir extravíos, con el riesgo consecuente de verse obligado a dar voces o encender alguna luz. La luz es el enemigo del guerrillero en la noche.

Ahora bien, si todas estas marchas tienen como fin atacar, al llegar un punto indicado, a donde deban retornar todos una vez logrado el objetivo, se dejarán los pesos superfluos, mochilas, ollas, por ejemplo, y cada pelotón seguirá con sus armas y equipos bélicos exclusivamente. Ya el punto a atacar debe haber sido estudiado por gentes de confianza, que hayan hecho los contactos, traído la relación de los guardias del enemigo, traída también la orientación del cuartel, el número de hombres que lo defienden, etc., y entonces se hace el plan definitivo para el ataque y se sitúan los combatientes, considerando siempre que una buena parte de las tropas debe destinarse a detener los refuerzos. En caso de que el ataque al cuartel sea solamente una distracción para provocar una afluencia de refuerzos que deban pasar por caminos donde se embosque fácilmente la gente, después de realizado el ataque, un hombre debe rápidamente comunicar al mando el resultado, por si fuera necesario levantar el cerco para no ser atacados por las espaldas. De todas maneras siempre tiene que haber vigías en los caminos de acceso al lugar del combate, mientras se produce el cerco o el ataque directo.

De noche, es preferible siempre un ataque directo. Puede llegar a conquistarse el campamento si se tiene el empuje y la presencia de ánimo necesarios y no se arriesga mucho.

En el cerco, solo resta esperar e ir haciendo trincheras, acercándose cada vez más al enemigo, tratando de hostilizarlo por todos los medios y, sobre todo, tratando de hacerlo salir por el fuego. Cuando se está bien cerca, el «cóctel molotov» es un arma de extraordinaria efectividad. Cuando no se ha llegado a tiro de «cóctel», pueden emplearse escopetas con un dispositivo especial. Estas armas, bautizadas por nosotros en la guerra con el nombre de M-16, consisten en una escopeta calibre 16, recortada, con un par de patas agregadas en forma tal que éstas formen un trípode con la punta de la culata. El arma así preparada estará en un ángulo aproximado de 45 grados; éste se puede variar corriendo hacia adelante o hacia atrás las patas delanteras. Se carga con un cartucho abierto al que se le han sacado todas las municiones. Este se adapta perfectamente a un palo lo más cilíndrico posible, dicho palo viene a ser el proyectil y sobresale del cañón de la escopeta. En la punta que sobresale se le agrega un complemento de latón con un amortiguador de goma en la base y una botella de gasolina. Este aparato tira las botellas encendidas a 100 metros o más y tiene una puntería bastante exacta. Es un arma ideal para cercos donde los enemigos tengan muchas construcciones de madera o material inflamable y también para disparar a los tanques en terrenos abruptos.

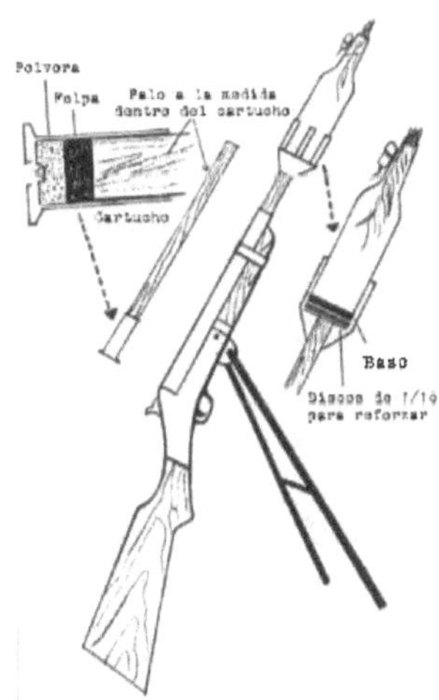

Una vez finalizado el cerco con el triunfo, o levantándolo, cumplidos los objetivos, todos los pelotones se retiran en orden hacia los lugares donde están sus mochilas y se sigue la vida normal.

La vida normada del guerrillero, en esta etapa, lleva a un gran sentido de confraternidad con los compañeros, pero también, a veces, a peligrosas rivalidades entre grupos o pelotones. Si no se canalizan éstas para producir emulaciones beneficiosas, se corre el riesgo de fragmentar la unidad de la columna. Es muy conveniente la educación de los guerrilleros desde la más temprana iniciación de la lucha, explicándoles el sentido social de la misma y sus deberes, en fin clarificando su mente y dándoles lecciones de moral que les vayan forjando el carácter y hagan que cada experiencia adquirida se convierta en una nueva arma de superación y no en un simple adminículo más para luchar por la supervivencia.

Uno de los grandes factores educativos es el ejemplo. Por ello los jefes deben constantemente ofrecer el ejemplo de una vida cristalina y sacrificada. El ascenso del soldado debe estar basado en la valentía, capacidad y espíritu de sacrificio; quien no cumpla esos requisitos a cabalidad no debe tener cargos responsables, pues en algún momento provocará cualquier accidente indeseable.

La conducta del guerrillero estará sujeta a juicio cuando se acerque a una casa cualquiera a pedir algo. Los moradores del lugar sacarán conclusiones favorables o desfavorables de la guerrilla, de acuerdo con la forma como se solicite algún servicio un alimento, algo necesario y de los métodos usados para conseguir lo deseado. Muy cuidadoso debe ser el jefe en la explicación detallada de estos problemas, en darles la importancia que se merecen y adoctrinar también con el ejemplo. Si se fuera a entrar a un pueblo, deben prohibirse las bebidas alcohólicas, exhortar a la tropa antes, darle el mayor ejemplo posible de disciplina y vigilar constantemente las entradas y, salidas del poblado.

La organización, capacidad combativa, heroicidad y espíritu de la guerrilla tienen que sufrir su prueba de fuego en el caso de un cerco que es la situación más peligrosa de la guerra. En la jerga de nuestros guerrilleros, en la guerra pasada, se llamaba «cara de cerco» a la cara de angustia que presentaba algún amedrentado. Cerco y aniquilación llamaban pomposamente a sus campañas los jerarcas del régimen depuesto. Sin embargo, para una guerrilla conocedora del terreno, unida ideológica y emocionalmente con el jefe, no es este un problema de mucha importancia.

Hay simplemente que parapetarse, tratar de evitar el avance del enemigo y su acción con equipo pesado, y esperar la noche, aliada natural del guerrillero. Al oscurecer, con el mayor sigilo posible, después de explorar y elegir el mejor camino, se irá por él, utilizando el medio de escape más adecuado y observando el más absoluto silencio. Es sumamente difícil que en esas condiciones, en la noche, se pueda impedir a un grupo de hombres que escape del cerco.

4. El combate

El combate es el drama más importante de la vida guerrillera. Ocupa solo momentos en el desarrollo de la contienda; sin embargo estos instantes estelares adquieren una importancia extraordinaria pues cada pequeño encuentro es una batalla de índole fundamental para los combatientes.

Ya habíamos apuntado anteriormente que el ataque debe realizarse siempre de tal modo que dé garantías de triunfo.

Además de lineamientos generales sobre la función táctica del ataque en la guerra de guerrillas, se deben apuntar las diferentes características que pueda presentar cada acción. En primer lugar, adoptamos para la descripción, el tipo de lucha en terreno apto, porque es realmente el modelo de origen de la guerra de guerrillas y es el aspecto en el cual se necesita manejar algunos principios anteriores a la experiencia práctica para resolver ciertos problemas. La guerra del llano es, como siempre, el producto de un avance de las guerrillas por su fortalecimiento y el de las condiciones del medio ambiente y esto lleva aparejado un aumento de la experiencia, de quien lo ejecuta y, por ende, un aprovechamiento de esa experiencia.

En la primera época de la guerra de guerrillas, sobre el territorio insurgente se internarán en forma profunda las columnas enemigas; de acuerdo con las fuerzas de estas columnas se harán dos tipos de ataques diferentes. Uno de ellos, sistemáticamente provoca en un determinado número de meses, la pérdida de la capacidad ofensiva de los mismos y precede cronológicamente al otro. Se realiza sobre las vanguardias; los terrenos desfavorables impiden que las columnas avancen con suficiente defensa en sus flancos; de este modo tiene que haber siempre una punta de vanguardia que, al internarse y exponer las vidas de sus componentes, esté, garantizando la seguridad del resto de la columna. Cuando no hay hombres suficientes, no se cuenta con reservas y además el enemigo es fuerte, se debe ir siempre a la destrucción de esa punta de vanguardia. El sistema es sencillo, necesita solamente cierta coordinación. En el momento en que aparece la punta de vanguardia por el lugar estudiado —lo más abrupto posible— se deja penetrar a los hombres necesarios y se inicia un fuego mortífero sobre éstos. Un pequeño grupo tiene que contener al resto de la columna por algunos momentos para que se recojan las armas, municiones y equipos. Siempre debe estar presente en el soldado guerrillero que su fuente de abastecimiento de armas está en el enemigo y que salvo circunstancias especiales, no se debe dar batalla que no esté conducida a conseguir estos equipos.

Cuando la fortaleza de la guerrilla lo permita, se hará un cerco completo de la columna; por lo menos, se dará esa impresión. En ese caso la vanguardia tiene que ser tan fuerte y estar tan bien atrincherada que resista los embates frontales del enemigo, calculando, naturalmente, su poder ofensivo y su moral de combate. En el momento en que aquél es detenido en algún lugar especial, las fuerzas guerrilleras de retaguardia surgen atacándolo por la espalda. Como será un lugar elegido con tales características que sea difícil la maniobra por los flancos, fácilmente podrán estar apostados francotiradores que mantengan a toda la columna, ocho o diez veces superior en número, quizás, dentro del cerco de fuego. En estos casos, siempre que haya fuerzas suficientes, deben controlarse todos los caminos con emboscadas para detener los refuerzos. El cerco se irá cerrando gradualmente, sobre todo por la noche. El guerrillero conoce los lugares donde combate, la columna invasora los desconoce, el guerrillero crece en la noche y el enemigo ve crecer su miedo en la oscuridad. En esta forma puede, con cierta facilidad, destruirse una columna totalmente, o infligirle tales pérdidas que le impidan volver al campo de lucha o necesite mucho tiempo para reagruparse.

Cuando la fuerza de la guerrilla es mínima y se quiere de todas maneras detener o disminuir el avance de la columna invasora, deberán distribuirse grupos de tiradores que fluctúen de dos a diez en cada uno de los cuatro puntos cardinales rodeando a esta columna. En esta forma podrá entablarse un combate por el flanco derecho, digamos; cuando el enemigo centre su acción sobre este flanco y cargue sobre él, en el momento preciso, se iniciará el tiroteo por el flanco izquierdo; en otro momento por la retaguardia o la vanguardia y así sucesivamente.

Con un pequeñísimo gasto de parque se podrá tener al enemigo en jaque perpetuo.

La técnica del ataque a un convoy o posición enemiga debe adaptarse a las condiciones del lugar elegido para el combate. Debe asegurarse, en general, que el primer ataque a un lugar cercado sea por sorpresa, en horas nocturnas contra algún puesto avanzado. Un ataque por sorpresa realizado por comandos adiestrados puede liquidar fácilmente una posición, pues cuenta con la ventaja de lo imprevisto. Para un cerco en regla, las zonas de escape pueden ser controladas con pocos hombres y los caminos de acceso defendidos con emboscadas, distribuidas de tal forma que al ser rebasada una, se repliegue o simplemente se retire y quede una segunda y así sucesivamente. En casos donde no exista el factor sorpresa, dependerá que se triunfe o no en el intento de tomar el campamento, de la capacidad de la fuerza cercadora para detener los intentos de las columnas de auxilio. En estos casos suele haber apoyo de artillería, morteros y aviones, además de tanques por parte del enemigo. En terrenos aptos, el tanque es un arma de poco peligro; debe transitar por caminos estrechos y es fácil víctima de las minas. En general la capacidad ofensiva que tienen estos vehículos en formación pierde aquí su valor, pues deben marchar en fila india, o a lo más de dos en dos. La mejor arma, la más segura contra el tanque, es la mina, pero, en la lucha cuerpo a cuerpo, fácil de realizar en lugares abruptos, el «cóctel molotov» es un arma de extraordinario valor. No hablemos ya de la bazooka, que significaría para la fuerza guerrillera un arma decisiva pero difícil de alcanzar, por lo menos en los primeros momentos. Contra el mortero existe el recurso de la trinchera con techo. El mortero es un arma de formidable eficacia para usar contra un lugar cercado pero a la inversa, es decir, contra sitiadores móviles disminuye su poder si no es usado en baterías grandes. La artillería no tiene mayor importancia en este tipo de lucha pues debe estar emplazada en lugares de cómodo acceso y no ve los blancos, que son movedizos. La aviación constituye la principal arma de las fuerzas opresoras, pero también su poder de ataque se ve muy reducido por el hecho de que pequeñas trincheras, en general en lugares no visibles, constituyen su único blanco. Podrán tirarse bombas de alto poder explosivo, o bombas de gasolina gelatinosa, todo lo cual constituyen más bien inconvenientes que verdaderos peligros. Además, acercándose lo más posible, a las líneas defensivas enemigas, se hace muy difícil para la aviación atacar con eficacia estas puntas de vanguardia.

Cuando se sitien campamentos con construcciones de madera o inflamables, si es que se puede llegar a una distancia corta, es un arma importantísima el ya citado «cóctel molotov». En distancias más largas se pueden arrojar también botellas del material inflamable, con su mecha ya encendida disparándolas con una escopeta calibre 16, como ya dijimos anteriormente.

De todos los tipos de minas a usar, el más efectivo pero que conlleva una eficiencia técnica no siempre posible, es la mina telexplotada, pero las de contacto, de mecha y, sobre todo, las eléctricas con cordón, son de extrema utilidad y constituyen, en caminos de serranía, defensas casi inexpugnables para las fuerzas populares.

Una buena medida de defensa contra los carros blindados es, en los caminos, hacer zanjas inclinadas, de modo que el tanque entre fácilmente en ellas y después le cueste trabajo salir, en la forma que el grabado lo explica y que es fácilmente ocultable al enemigo, sobre todo en marchas nocturnas, o cuando no puede mandar infantería por delante de los tanques, dada la resistencia de las fuerzas guerrilleras.

Otra forma común de avance del enemigo, en zonas no totalmente abruptas, es en camiones más o menos abiertos. Las columnas son precedidas por algunos carros blindados y luego viene la infantería transportada en camiones. De acuerdo con la fuerza de la guerrilla, se puede cercar la columna íntegra, o se la puede diezmar, atacando alguno de los camiones y explotando simultáneamente minas. Hay que actuar rápidamente, en este caso, quitar las armas de los enemigos caídos y retirarse. Si las condiciones lo permiten, se puede hacer un cerco total, como ya lo dijimos, observando las reglas generales del mismo.

Para el ataque a camiones abiertos, un arma de mucha importancia y que debe ser utilizada en todo su poderío, es la escopeta. Una escopeta calibre 16, con balines, puede cubrir 10 metros, casi toda el área del camión, matando algunos de los ocupantes, hiriendo a otros y provocando una confusión enorme. En el caso de poseerlas, las granadas son armas excelentes para estos casos.

Para todos estos ataques, es fundamental, porque es una de las características elementales de la táctica guerrillera, la sorpresa, por lo menos al momento de sonar el primer disparo y ésta no puede producirse si los campesinos de la zona conocen de la presencia del ejército insurgente. Es por ello que todos los movimientos de ataque deben hacerse nocturnos. Solamente hombres de probada discreción y lealtad pueden conocer estos movimientos y establecer los contactos. Debe marcharse con mochilas llenas de alimentos para poder sobrevivir dos, tres o cuatro días en los lugares de emboscada.

Nunca debe confiarse demasiado en la discreción campesina, primero porque hay una lógica tendencia a hablar, a comentar los hechos con otras personas de la familia o de confianza y, luego, porque la bestialidad natural con que tratan a la población los soldados enemigos después de una derrota, siembra el terror entre ésta, y ese terror provoca el que alguno, tratando de cuidar su vida, hable más de lo debido revelando noticias fundamentales.

En general debe elegirse como lugar de emboscada alguno que esté por lo menos a un día de camino de los establecimientos habituales de la guerrilla, que el enemigo siempre conocerá con mayor o menor aproximación.

Hemos dicho anteriormente que la forma de disparar señala en un combate la situación de las fuerzas oponentes; de un lado el tiro violento, nutrido, del soldado de línea —con parque abundante y acostumbrado a eso—, y del otro, el metódico, esporádico, del guerrillero que conoce el valor de cada cápsula y se dispone a gastarla con un cabal sentido del ahorro, no disparando nunca un tiro más de lo necesario. Tampoco es lógico, por ahorrar parque, dejar escapar a un enemigo o no hacer funcionar una emboscada a plenitud, pero debe prevenirse en cálculos anteriores el parque que podrá gastarse en determinadas circunstancias y ceñir la ocasión al consejo de esos cálculos.

El parque es el gran problema del guerrillero. Armas se consiguen siempre y las que ingresan no se van de la guerrilla, pero el parque se va tirando y, además; en general, se capturan armas con su parque, y nunca o pocas veces parque solo. Cada arma que ingresa tiene sus tiros, pero no puede contribuir al de los demás pues no hay sobrantes. El principio táctico del ahorro de los disparos es fundamental en este tipo de guerra.

Nunca puede un jefe guerrillero, que se precie de serlo, descuidar la retirada. Deben éstas ser oportunas, ágiles, que permitan salvar toda la impedimenta de la guerrilla, ya sea heridos, mochilas, municiones, etc. y nunca debe ser sorprendido el rebelde en retirada ni puede permitirse el lujo de dejarse rodear.

Por todo ello, el camino elegido debe ser custodiado en todos aquellos lugares donde eventualmente el ejército enemigo pueda hacer avanzar tropas para tratar de tirar un cerco; ha de haber un sistema de correo que permita avisar rápidamente a los compañeros si alguna fuerza trata de rodearlos.

En el combate siempre ha de haber hombres desarmados. Esos hombres recogerán el fusil de algún compañero herido o muerto, algún fusil incorporado en combate perteneciente a un prisionero, se ocuparán de los mismos, del traslado de los heridos y de la transmisión de mensajes. Además debe contarse con un buen cuerpo de mensajeros, de piernas de hierro y de seriedad probada, que den los avisos, necesarios en el menor tiempo posible.

Es muy relativo el número de hombres que se necesitan al lado de los combatientes armados, pero se puede calcular en dos o tres para cada diez, entre los que asistirán al combate y realizarán todas las tareas necesarias en la retaguardia, defendiendo las posiciones de retirada o estableciendo los servicios, de mensajes de que hablamos anteriormente.

Cuando se hace una guerra de tipo defensivo, es decir, cuando está empeñada la guerrilla en no permitir pasar de determinado lugar a una columna invasora, la lucha se convierte en una guerra de posiciones pero debe tener siempre al inicio las características anotadas de sorpresa. En este caso, en que se van a hacer trincheras y otra serie de sistemas defensivos que son fácilmente observables por los campesinos del lugar, debe asegurarse que éstos permanezcan en la zona amiga. En general, en este tipo de guerra, se establece por el gobierno el bloqueo de la región y los campesinos que no han huido, deben ir a comprar sus alimentos primordiales a establecimientos situados en zonas fuera de la acción de las guerrillas. El que estas personas en momentos culminantes, como el que estamos describiendo, salgan de la región, constituye un peligro muy grande, por las infidencias y las confidencias que pudieran eventualmente suministrar al ejército enemigo. La política de tierra arrasada debe constituir la base de la estrategia del ejército guerrillero en estos casos.

Ahora bien, las defensas y todo el aparato defensivo, deben hacerse de tal manera que siempre la vanguardia enemiga caiga en una emboscada. Es muy importante el hecho psicológico de que los hombres de vanguardia mueran ineludiblemente en cada combate, pues esto va creando dentro del ejército adversario una conciencia cada vez más marcada de este hecho, que lleva a un momento en que nadie quiere ser vanguardia; y es obvio que una columna si no tiene vanguardia no puede moverse, pues alguien debe asumir esta responsabilidad.

Por lo demás, pueden realizarse cercos, si se estima conveniente, maniobras dilatorias de ataques de flanco, o simplemente detener frontalmente al enemigo, pero en todos los casos deben fortificarse los lugares que sean susceptibles de ser utilizados por el enemigo para tareas de flanqueo.

Desde ya, esto está indicando que se cuenta con más hombres y más armas que en los combates anteriormente descritos, pues es evidente que consume mucho personal el bloqueo de todos los eventuales caminos convergentes de una zona, que pueden ser muchos. Debe aumentarse aquí todo género de trampas y de ataques contra los vehículos blindados y darle la mayor seguridad posible a los sistemas de trincheras estables, por lo tanto, localizables. En general, en este tipo de lucha la orden que se da es la de morir en las defensas y hay que asegurar a cada defensor el máximo de posibilidades de sobrevivir.

Cuando más oculta se haga una trinchera para la observación lejana, mejor es y, sobre todo, es bueno hacerle techos, para que la labor de los morteros se nulifique. Los morteros de los usados en campaña, 60.1 u 85 m no pueden perforar un buen techo hecho simplemente con materiales de la región, que puede ser un piso de madera, tierra y piedras cubierto por un material que lo esconda a la vista del enemigo. Siempre debe hacérsele una salida que permita en caso extremo, escapar al defensor sin mayores peligros para su vida.

Todo este andamiaje indica bien claramente que no existen líneas de fuego determinadas. La línea de fuego es algo más o menos teórico que se establece en determinados momentos cumbres, pero son sumamente elásticas y permeables por ambos bandos. Lo que existe es una gran «tierra de nadie». Pero la característica de la «tierra de nadie» de una guerra de guerrillas, es que en ella existe población civil y que esa población civil colabora en cierta medida con alguno de los dos bandos, aunque en abrumadora mayoría con el bando insurrecto. No puede ser desalojada masivamente de la zona por su extensión y porque crearía problemas de abastecimiento a cualquiera de los contendientes al darle comida a una cantidad considerable de habitantes. Esta «tierra de nadie» es perforada por incursiones periódicas (diurnas en general) de las fuerzas represivas y nocturnas de las fuerzas guerrilleras. Estas últimas encuentran allí una base de sustento de mucha importancia para sus tropas que debe ser cuidada en el orden político, estableciendo siempre las mejores relaciones con los campesinos y comerciantes.

En este tipo de guerra, el trabajo de los no combatientes directos, vale decir de los que no portan un arma, es importantísimo. Ya señalamos algunas características de los enlaces en los lugares de combate, pero el enlace es una institución dentro de la organización guerrillera; los enlaces, hasta la más lejana comandancia si la hay, o hasta el más lejano grupo de guerrilleros, deben estar encadenados de tal forma que siempre pueda llegarse, por el sistema más rápido conocido en la región, de un lugar a otro, y esto debe ser tan valedero en tierras de fácil defensa, es decir en territorios aptos, como en tierras inaptas. No se admite, por ejemplo, que una guerrilla operando en tierra inapta, vaya a permitir los sistemas modernos de comunicación, como son el telégrafo, los caminos, etc., salvo algunos inalámbricos imposibles de destruir pero que solamente pueden ir a guarniciones militares sólidas que defiendan dicho sistema, pues si cae en manos de la fuerza liberadora, hay que variar claves y frecuencias, tarea a veces bastante engorrosa.

En todos estos casos estamos hablando con la memoria de lo ocurrido en nuestra guerra de liberación. El informe diario y verídico de todas las actividades del enemigo se complementa con el de enlace. El sistema de espionaje debe ser muy bien estudiado, muy bien trabajado y sus individuos elegidos con el máximo esmero. El mal que puede hacer en estos casos un «contraespía» es enorme, pero aún sin llegar a ese extremo, son muy grandes los males que pueden sobrevenir de resultas de una información exagerada, ya sea aumentando o disminuyendo el peligro. Es difícil que éste se disminuya. La tendencia general del hombre del campo es a aumentarlos y exagerarlos. La misma mentalidad mágica que hace aparecer fantasmas, y toda serie de seres sobrenaturales, crea también ejércitos monstruosos donde apenas hay un pelotón, una patrulla enemiga. Además, el espía debe ser lo más neutro posible, desconociéndose para el enemigo toda clase de conexión con las fuerzas de liberación. No es una tarea tan difícil como parece y se encuentran muchos a través de la guerra; comerciantes, profesionales y hasta religiosos pueden prestar su concurso en toda esta serie de tareas y dar el informe a tiempo.

Es una de las más importantes características de la guerra de guerrillas, la diferencia notable que hay entre la información que logran las fuerzas rebeldes y la información que poseen los enemigos. Mientras éstos deben transitar por zonas absolutamente hostiles, donde se encuentran con el hosco silencio de los campesinos, aquéllos, es decir los defensores, cuentan en cada casa con un amigo y hasta con un familiar y constantemente van circulando los partes a través de los sistemas de enlace hasta alcanzar la jefatura central de la guerrilla o el núcleo guerrillero que esté en la zona.

Cuando se produce una penetración enemiga en territorio ya declaradamente guerrillero donde todos los campesinos responden a la causa del pueblo; se crea un problema serio; la mayoría de ellos trata de escapar con el ejército popular, abandonando sus hijos y sus quehaceres, otros llevan hasta la familia completa y algunos se quedan esperando los acontecimientos. El inconveniente más grave que puede provocar una penetración enemiga en territorio guerrillero es el que queden cantidad de familias en situación apretada y a veces desesperada. Debe dárseles el máximo de apoyo a todas ellas, pero prevenirlas de los males que pueden sobrevenir por una huida hacia zonas inhóspitas, lejos de sus lugares habituales de abastecimientos y expuestas a las calamidades que suelen provocarse en estos casos.

No se puede hablar de un «patrón de represiones» por parte de los enemigos del pueblo; en cada lugar, de acuerdo con circunstancias específicas, sociales, históricas y económicas, los enemigos del pueblo actúan de una manera más o menos intensamente criminal, aunque siempre son iguales los métodos generales de represión. Hay lugares donde la huida del hombre hacia la zona guerrillera, dejando a su familia en la casa no provoca mayor reacción. Hay otros donde esto basta para quemar las pertenencias del individuo o requisarlas y otros donde la huida provoca la muerte de todos sus familiares. Es natural que se haga adecuada distribución y organización de los campesinos que van a ser afectados por un avance enemigo, de acuerdo con las normas que se conozcan sobre la guerra en esa zona o país determinado.

Lo evidente es que hay que prepararse para expulsar al enemigo del territorio afectado, actuando profundamente sobre los abastecimientos, cortando completamente las líneas de comunicaciones, destruyendo por medio de pequeñas guerrillas los intentos de abastecerse u obligándolo a invertir grandes cantidades de hombres en hacerlo.

En todos estos casos de combates, factor muy importante en cada lugar en que se traba uno, es la correcta utilización de las reservas. El ejército guerrillero, por sus características, muy pocas veces puede contar con ellas, pues siempre da golpes donde hasta la labor del último individuo debe ser regulada y empleada en algo. Sin embargo, dentro de estas características, deben tenerse hombres listos en tal o cual lugar, para responder a un imprevisto y poder detener una contraofensiva o definir una situación en un momento dado. De acuerdo con la organización de la guerrilla y con las características y posibilidades del momento, se puede tener para estos menesteres, un pelotón «comodín», pelotón que siempre debe ir a los lugares del mayor peligro, que puede bautizársele como «pelotón suicida» o con cualquier otro título, pero que en realidad cumpla las funciones que el nombre indica. Este pelotón «suicida» debe estar en todos los lugares donde se decida un combate; en los ataques por sorpresa de la vanguardia, en la defensa de los sitios más vulnerables y peligrosos, en fin, donde quiera que el enemigo amenace con quebrar la estabilidad de la línea de fuego. Debe integrarse por absoluta voluntariedad y constituir casi un premio para el individuo el ingresar en este pelotón. Se llega a hacer con el tiempo la niña mimada de cualquier columna guerrillera y el guerrillero que ostente el distintivo de pertenecer a ese cuerpo, cuenta con la admiración y el respeto de todos sus compañeros.

5. Principio, desarrollo y fin de una guerra de guerrillas

Ya hemos definido sobradamente lo que es una guerra de guerrillas. Vamos a relatar entonces el desarrollo ideal de ella, naciendo en un núcleo único, en terreno favorable y describiéndola a partir de allí.

Es decir, vamos a teorizar nuevamente sobre la experiencia cubana. Al inicio, hay un grupo más o menos armado, más o menos homogéneo, que se dedica casi exclusivamente a esconderse en los lugares más agrestes, más intrincados, manteniéndose en escaso contacto con los campesinos. Da algún golpe afortunado, crece entonces su fama y algunos campesinos desposeídos de sus tierras o en lucha por conservarlas y jóvenes idealistas de otras clases van a engrosarla; adquiere mayor audacia para andar por lugares habitados, mayor contacto con la gente de la zona; repite algunos ataques, huyendo siempre después de darlos; de pronto sostiene un combate con alguna columna y destroza su vanguardia; sigue incorporando hombres, ha aumentado en número, pero su organización permanece exactamente igual, solo que disminuyen las precauciones y se aventura sobre zonas más pobladas.

Más tarde establece campamentos provisionales durante algunos días, los que son abandonados al tenerse noticias de la cercanía del ejército enemigo o sufrir bombardeos o, simplemente, al tener sospechas de alguno de estos riesgos. Sigue el aumento numérico de la guerrilla conjuntamente con el trabajo de masas que va haciendo de cada campesino un entusiasta de la guerra de liberación y, al final, se elige un lugar inaccesible, se inicia la vida sedentaria y empiezan las primeras pequeñas industrias a establecerse allí: la zapatería, la fábrica de tabacos y cigarros, algún taller de costura, la armería, panadería, hospitales, radio si lo hubiera, imprenta, etc.

Ya la guerrilla tiene una organización, una estructura nueva. Es la cabeza de un gran movimiento con todas las características de un gobierno en pequeño. Se establece la auditoría para la administración de justicia, se dictan algunas leyes, si fuera posible, y continúa el trabajo de adoctrinamiento de las masas campesinas, y obreras si las hubiera cerca, atrayéndolas a la causa. Se desata alguna ofensiva enemiga y es derrotada; aumenta el número de fusiles y por ende el número de hombres con que cuenta esta guerrilla. Pero, en un momento dado, su radio de acción no aumenta en la proporción en que sus hombres lo han hecho; en ese momento se separa una fuerza del tamaño que sea necesario, columna o pelotón, etc., y va hacia otro lugar de combate.

Empezará allí el trabajo aunque con características algo diferentes, por experiencias que trae, por la permeabilización de las zonas de guerra por las tropas de liberación. Mientras, el núcleo central sigue aumentando, ha recibido ya aportes sustanciales de lugares lejanos, en alimentos, alguna vez en fusiles; siguen llegando hombres; continúan las tareas de gobierno con la promulgación de leyes; se establecen escuelas que permiten el adoctrinamiento y entrenamiento de los reclutas. Los jefes van aprendiendo a medida que se desarrolla la guerra y su capacidad de mando va creciendo con las responsabilidades del aumento cuantitativo y cualitativo de las fuerzas.

En un momento dado, si hubiera territorios lejanos, parte hacia ellos un grupo a establecer todos los adelantos que ya se han logrado, continuando el ciclo. Pero también existirá un territorio enemigo, el territorio desfavorable para la guerra de guerrillas. Allí se van introduciendo grupos pequeños que asaltan en los caminos, que rompen puentes, que colocan minas, que van sembrando la intranquilidad. Con los vaivenes propios de la guerra, sigue aumentando el movimiento; ya el gran trabajo de masas permite la movilidad fácil de esas fuerzas en terreno desfavorable y se crea entonces la última etapa que es la guerrilla suburbana.

El sabotaje aumenta considerablemente en toda la zona. Se paraliza la vida de la misma; es conquistada. Se va hacia otras zonas, se combate con el ejército enemigo en frentes definidos; se les ha conquistado ya armas pesadas (pueden ser hasta tanques), se lucha de igual a igual. El enemigo cae cuando se transforma el proceso de victorias parciales en victorias finales, es decir, se le lleva a aceptar batalla en las condiciones puestas por el bando guerrillero y allí se le aniquila, provocando su rendición.

Es esto un boceto, que transcribe lo que fue pasando en las distintas etapas de la guerra de liberación cubana, pero que tiene aproximadamente un contenido universal. Solo que no siempre puede darse el acoplamiento de pueblo, condiciones y líder como se dio en nuestra guerra. Innecesario es decirlo: Fidel Castro resume en sí las altas condiciones del combatiente y el estadista y a su visión se debe nuestro viaje, nuestra lucha y nuestro triunfo. No podemos decir que sin él no se hubiera producido la victoria del pueblo, pero sí que esa victoria hubiera costado mucho más y fuera menos completa.

94

Capítulo III. Organización del frente guerrillero

1. Abastecimientos

Un correcto abastecimiento es fundamental para la guerrilla. El grupo de hombres en contacto con el suelo, tiene que vivir de los productos de este suelo y al mismo tiempo permitir que vivan los que se lo dan, es decir los campesinos del lugar, pues en la dura lucha guerrillera no es posible, sobre todo en los primeros momentos, dedicar energías a tener abastecimientos propios, sin contar con que estos abastecimientos serían fácilmente localizables y destruibles por las fuerzas enemigas, ya que se supone un territorio completamente permeabilizado para la acción de las columnas represivas. El abastecimiento en las primeras épocas es siempre interno.

Con el desarrollo de las condiciones guerrilleras tiene también que haber un abastecimiento exterior a las líneas o territorio de combate. En el primer momento se vivirá solamente de lo que los campesinos tengan; se podrá llegar a alguna bodega a comprar algo, pero nunca tener líneas de abastecimientos, pues no hay territorio donde establecerlas. La línea de abastecimiento y el almacén de comestibles están condicionados al desarrollo de la lucha guerrillera.

Lo primero es ganarse la confianza absoluta de los habitantes de la zona y esta confianza se gana con la actitud positiva frente a sus problemas, con la ayuda y orientación constante, con la defensa de sus intereses y el castigo de quienes pretendan aprovecharse del momento caótico que viva la misma, para ejercer influencias, desalojar campesinos, apoderarse de sus cosechas, establecer intereses usurarios, etc.

La línea debe ser blanda y dura al mismo tiempo. Blanda y de colaboración espontánea con todos los simpatizantes honestos frente al movimiento revolucionario, dura contra los que directamente están atacándolo, fomentando disensiones o simplemente comunicando noticias importantes al ejército enemigo.

Poco a poco se irá esclareciendo el territorio y se podrá contar entonces con una mayor comodidad para poder actuar. El principio fundamental que debe regir es el de pagar siempre toda la mercancía que se tome de un amigo.

Esta mercancía puede consistir en frutos de la tierra o artículos de establecimientos comerciales. Muchas veces son donados, pero hay otras en que las condiciones económicas del mismo campesinado impiden estas donaciones y hay casos en que las mismas necesidades de la guerra obligan a asaltar almacenes que tengan víveres o vituallas necesarias y que no se pueden pagar, sencillamente por no haber dinero. En esos casos debe siempre dársele al comerciante un bono, pagaré, algo que certifique la deuda; los «bonos de esperanza» ya descritos. Esta medida es mejor realizarla con la gente que esté fuera de los límites del territorio liberado y en estos casos pagar lo antes posible o amortizar parte de la deuda. Cuando las condiciones hayan mejorado lo suficiente como para mantener un territorio permanentemente fuera del dominio del ejército adversario, se puede llegar a las siembras colectivas, donde los campesinos trabajen las tierras a beneficio del ejército guerrillero y en esta forma garantizar una adecuada fuente de abastecimiento agrícola de carácter permanente.

Si el número de voluntarios para el ejército guerrillero es mucho mayor que el necesario, pues no hay armas, y circunstancias políticas impiden a esos hombres bajar a zonas dominadas por el enemigo, el ejército rebelde puede hacer trabajar directamente en la tierra a sus hombres y a todos los incorporados, recogiendo los frutos que garanticen el abastecimiento y llenando su hoja de servicios para futuros ascensos a combatientes; sin embargo, es más aconsejable que las siembras se hagan directamente por los campesinos, pues el trabajo es más efectivo, se hace con más entusiasmo, con más capacidad. Cuando las condiciones han madurado más aún, se puede llegar a la compra de cosechas enteras que, dependiendo de los frutos que sean, puedan permanecer en el campo o en almacenes para uso del ejército.

Cuando se hayan establecido organismos encargados también de abastecer a la población campesina, se concentrarán todos los alimentos en estos organismos para servir en operaciones de trueque entre los campesinos, siendo el ejército guerrillero el intermediario.

Si las condiciones siguen mejorando, se pueden establecer impuestos que deben ser la menos lesivos posible, sobre todo para el pequeño productor. Hay que atender por sobre todas las cosas las relaciones de la clase de los campesinos con el ejército guerrillero, que es una emanación de esta clase.

Los impuestos pueden cobrarse en dinero en efectivo en algunos casos y en otros con parte de las cosechas, la que pasará a engrosar los abastecimientos. La carne es uno de los artículos de primera necesidad. Hay que asegurar su producción y conservación. Se establecerán granjas con campesinos aparentemente desvinculados del ejército, si no se cuenta con una zona segura, que se dediquen a la producción de gallinas, huevos, cabras, cochinos; todos los animales comprados o directamente confiscados a los grandes terratenientes. En zonas de latifundio suele haber ganado en cantidades grandes. Puede ser muerto, salado y la carne mantenida en esas condiciones, en las cuales permanece apta para el consumo durante mucho tiempo.

Con esto se consigue también el cuero y se puede desarrollar una industria del curtido —más o menos elemental— que permita tener la materia prima para el calzado, uno de los adminículos fundamentales para la lucha. Depende mucho de las zonas, pero, en general, se puede decir que los alimentos imprescindibles son: la carne, la sal y algunas legumbres, tubérculos o granos. Siempre el alimento básico es producido por los campesinos; puede ser malanga, en las regiones montañosas de la provincia de Oriente, Cuba; puede ser maíz en las regiones montañosas de México y Centroamérica o Perú, las papas en el mismo Perú; y en otras zonas, como Argentina, el ganado; el trigo en otras, pero siempre hay que asegurar un abastecimiento de los alimentos fundamentales de la tropa y alguna clase de grasa que permita comer mejor los mismos, ya sean mantecas animales o vegetales.

La sal es uno de los ingredientes imprescindibles. Cuando se está cerca del mar y en conexión con él hay que establecer inmediatamente pequeños secaderos que aseguren una cierta producción para tener siempre un remanente y poder abastecer las tropas. Recuérdese que en lugares agrestes como estos, donde no se producen sino algunos de los alimentos, es fácil tender un cerco que empobrezca formidablemente a la zona. Es bueno prever estos casos por medio de la organización campesina, de las organizaciones civiles en general. Que los habitantes de la zona tengan su abastecimiento mínimo que les permita al menos malvivir durante las épocas más duras de la contienda. Debe tratarse rápidamente de tener una buena provisión de alimentos que no se descompongan, como son los granos, que resisten bastante tiempo, sea maíz, trigo, arroz, etc.; harina, sal, azúcar, enlatados de todos tipos y, también, hacer las siembras necesarias.

Llegará un momento en que estarán solucionados los problemas alimenticios de la zona para las tropas residentes pero se necesitará una gran cantidad de productos extra; pieles para los zapatos, si no se puede crear una industria del curtido que abastezca a la zona; telas para vestidos, y todos los aditamentos necesarios para los mismos, papel, imprenta o mimeógrafos para los periódicos, tinta y todos los otros implementos.

En fin, las necesidades de artículos del mundo exterior aumentarán a medida que las guerrillas se vayan organizando y su organización se haga más compleja. Para cubrirla adecuadamente es necesario que funcione perfectamente la organización de las líneas de abastecimiento. Estas organizaciones se hacen fundamentalmente a través de campesinos amigos.

La forma debe ser bipolar, es decir, con extremos en el frente guerrillero y en las ciudades; a partir de las zonas guerrilleras irán saliendo líneas de abastecimientos que permeabilicen todo el territorio permitiendo pasar los materiales. Poco a poco los campesinos se acostumbran al peligro (en pequeños grupos pueden hacer maravillas) y a poner el material que se necesite en el lugar indicado sin correr peligros extremos. Estas movilizaciones se pueden hacer de noche, con mulos o animales de carga de este tipo y también con camiones, dependiendo de la zona; así se puede hacer un abastecimiento muy bueno. Hay que considerar que este es el tipo de línea de abastecimiento para áreas cercanas a los lugares de operación.

Hay que organizar una línea de abastecimiento desde áreas lejanas. Estas deben dar el dinero necesario para hacer las compras y también algunos implementos que no se consigan en los pueblos o ciudades provinciales. La organización se nutrirá con donativos directos que hagan los sectores simpatizantes con la lucha por medio de bonos clandestinos, que se deben dar teniendo siempre un estricto control sobre el personal encargado de su manipulación y exigiendo responsabilidades serias cuando se olviden los requisitos de moral indispensables para estos casos. Las compras se pueden hacer en efectivo y también con «bonos de esperanza», cuando hay un ejército guerrillero que, saliendo de su base de operaciones, amenaza una nueva zona. En estos casos no hay más remedio que tomar la mercancía de cualquier comerciante y que éste dependa de la buena fe, o de las posibilidades o no de hacer efectiva esta cuenta por parte de los ejércitos guerrilleros.

En todas las líneas de abastecimientos que pasan por el campo, es necesario tener una serie de casas, terminales o estaciones de camino, donde se pueda esconderlos durante el día para seguir a la noche siguiente. Estas casas deben ser conocidas solamente por los encargados directos de los abastecimientos, y conocerán del trasiego lo menos posible sus habitantes, siendo, además, las personas que más confianza brinden a la organización.

Uno de los animales más importantes para todas estas tareas es el mulo. El mulo, de increíble resistencia a las fatigas y de capacidad para caminar en las zonas más accidentadas, puede llevar en su lomo más de 100 kilos, durante días y días y por su austeridad en cuanto a exigencia de comestibles es el transporte ideal. Las arrias de mulos deben estar perfectamente dotadas de herraduras, con arrieros conocedores del animal y que lo cuiden lo más posible. Se puede así tener verdaderos ejércitos de cuatro patas de increíble utilidad. Pero muchas veces, por sufrido que sea el animal y por capacidad que tenga para aguantar la jornada más dura, se ve obligado a dejar la carga en determinados sitios por lo difícil del paso. Para obviar esto, habrá un equipo encargado de hacer los caminos destinados a esta clase de animales. Si todas estas condiciones se cumplen, si se lleva una organización adecuada y el ejército rebelde mantiene con los campesinos las inmejorables relaciones necesarias, se garantiza un abastecimiento efectivo y duradero para toda la tropa.

2. Organización civil

La organización civil del movimiento insurreccional es muy importante en cualquiera de los dos frentes: el externo y el interno. Naturalmente tienen características bastante diferentes y las funciones también, aun cuando realicen trabajos que puedan caer dentro de una misma denominación. No es igual, por ejemplo, la recaudación que pueda hacer el frente externo a la que pueda hacerse en el frente interno, ni la propaganda, ni el abastecimiento. Vamos a describir primero los trabajos del frente interno.

Al considerar «frente interno» estamos ya diciendo que es un lugar dominado, relativamente por lo menos, por las fuerzas de liberación y también debe suponerse que es un lugar apto para la guerra de guerrillas porque, cuando no se dan esas condiciones, es decir, cuando se están desarrollando luchas guerrilleras en zonas no aptas, la organización guerrillera aumenta en extensión pero no en profundidad; va canalizando nuevos lugares, pero no puede llegar a tener una organización interna pues está toda la zona permeabilizada por el enemigo. En el frente interno podemos tener una serie de organizaciones que cumplan su función específica para la mejor marcha de la administración. La propaganda en general pertenece directamente al ejército, pero también puede estar separada de éste aun cuando bajo su control. (De todas maneras, es tan importante este punto que lo trataremos aparte.) La recaudación pertenece a la organización civil, así como la organización de los campesinos en general, si hubiera obreros, también de éstos, y estas dos deben estar regidas por una auditoría. La recaudación, como ya hemos explicado en el capítulo anterior, puede desarrollarse de varias maneras; por impuestos directos e indirectos, por donativos directos y confiscaciones; todo esto viene a llenar el gran capítulo de los abastecimientos del ejército guerrillero.

Algo que hay que tener muy en cuenta es que no se debe de ninguna manera empobrecer la zona por la acción directa del ejército rebelde —aunque indirectamente sea el responsable del empobrecimiento debido a los cercos enemigos, lo que la propaganda adversaria hará resaltar repetidamente—. Precisamente por esta circunstancia es por lo que no se debe crear causas directas de conflictos. No debe haber, por ejemplo, reglamentos que impidan a los cosecheros de una zona que está en territorio liberado vender sus productos fuera de ese territorio, salvo circunstancias extremas y transitorias, explicando bien al campesinado estas características. Al lado de cada acto del ejército guerrillero debe existir siempre el departamento de difusión necesario para explicar las razones de este acto, el que, en general, será bien comprendido por un campesino que tendrá a sus hijos, padres, hermanos o parientes de alguna clase, dentro de este ejército que será una cosa suya.

Dada la importancia de las relaciones campesinas, hay que crear organizaciones que las canalicen y las reglamenten, organizaciones que, no solamente estarán dentro del área liberada, sino también tendrán conexiones con las áreas adyacentes, y, precisamente a través de ellas, se podrá ir permeabilizando la zona para una futura ampliación del frente guerrillero.

Los campesinos irán sembrando la semilla, la propaganda oral y escrita, los relatos de cómo se vive en la otra zona, de las leyes que ya se han dado para la protección del pequeño campesino, del espíritu de sacrificio del ejército rebelde; en fin, están creando la atmósfera necesaria para la ayuda a la tropa rebelde.

Los organismos campesinos deben tener también su conexión de tal tipo que permita a la organización del ejército guerrillero en cualquier momento canalizar cosechas y venderlas en el territorio enemigo mediante una serie de intermediarios más o menos benevolentes, más o menos benefactores de la clase campesina, ya que, en todos esos casos, junto a la devoción por la causa que lleva al comerciante a desafiar peligros, existe la devoción por el dinero que lo lleva a aprovechar los mismos para su fin de extraer dividendos.

Ya habíamos dicho, al hablar de los abastecimientos, la importancia que tiene el departamento de construcción de caminos. Cuando la guerrilla ha alcanzado un determinado grado de desarrollo, tiene centros más o menos fijos y no anda vagando sin campamento alguno por diversas regiones, se debe establecer una serie de rutas que pueden ir desde el pequeño trillo que permita el paso de un mulo hasta el buen camino de camiones. Para todo esto hay que tener en cuenta la capacidad de organización del ejército rebelde y la capacidad ofensiva del enemigo que puede destruirlos e incluso llegar a los campamentos fácilmente, precisamente por caminos que son creados por el opositor. Como regla esencial, debe apuntarse que los caminos son para contribuir al abastecimiento en lugares cuya solución de otro modo sería imposible y que no se deben hacer sino en circunstancias donde casi seguro se pueda mantener la posición ante un embate del adversario, salvo que éstos se concierten entre puntos que hagan más cómoda la comunicación pero no sean vitales ni acarreen un peligro en su construcción.

Además, se pueden hacer otras vías de comunicación. Una de ellas, muy importante, es el teléfono, que puede tenderse en el monte, con la facilidad que significa el tener los árboles como postes y con la ventaja de que no son visibles desde lo alto para la observación del enemigo. También supone el teléfono una zona donde éste no puede llegar.

La auditoría, o departamento central de justicia, de leyes revolucionarias y de administración, es uno de los puntos vitales de un ejército guerrillero ya constituido, con territorio propio. Debe estar a cargo de algún individuo que conozca las leyes del país, si conoce las necesidades de la zona desde un punto de vista jurídico, mejor aún y que pueda ir dando una serie de decretos y reglamentos para ayudar al campesino a normalizar, institucionalizar la vida dentro de la zona en rebeldía.

Por ejemplo, de nuestra experiencia de la guerra cubana: elaboramos un código penal, un código civil, un reglamento de abastecimiento al campesinado y el reglamento de la Reforma agraria. Posteriormente se establecieron las leyes de castigo para los aspirantes a elecciones que iban a hacerse días después en todo el país y la ley de Reforma agraria de la Sierra Maestra. Además, la auditoría tiene a su cargo todas las operaciones de contabilidad de la columna o de las columnas guerrilleras, y se encarga de administrar los problemas monetarios de la misma, interviniendo a veces directamente en el abastecimiento.

Todas estas son recomendaciones elásticas, bases que da la experiencia vivida en un lugar determinado, geográfica e históricamente situado, que pueden ser cambiadas según lo aconseje una experiencia de otro lugar geográfico, histórico y social.

Además de auditoría, hay que tener muy en cuenta la sanidad general de la zona, que se debe hacer por medio de los hospitales madres, es decir, los hospitales centrales, militares, que darán asistencia lo más completa posible a todo el campesinado. También en estos casos depende de las características alcanzadas por la revolución que se pueda dar un adecuado tratamiento médico. Los hospitales civiles y la sanidad civil están directamente unidos al ejército rebelde y sus cargos son desempeñados por oficiales y miembros del mismo, con la doble función de curar al pueblo y de orientarlo para mejorar su salud, pues los grandes problemas sanitarios de las poblaciones en estas condiciones radican en que se desconocen totalmente los más elementales principios de la higiene y por ello agravan aún más su precaria situación.

Los cobros de impuestos, como ya dije, pertenecen a la auditoría general también.

Los almacenes son muy importantes. En cuanto se consiga algún lugar donde ya se establezca un principio de sedentarización de la guerrilla, deben establecerse almacenes lo más ordenados posibles, que vayan asegurando el cuidado mínimo de la mercancía y sobre todo el control para su equitativa distribución posterior, única fórmula para corregirlo.

En el frente exterior las funciones son diferentes en cuanto a calidad misma y en cuanto a cantidad también; por ejemplo, la propaganda debe ser de tipo nacional, orientadora, explicando las victorias obtenidas por los compañeros de la guerrilla, llamando a luchas efectivas de masas a obreros y campesinos y dando noticias, si las hubiera, de victorias obtenidas en este frente. La recaudación es totalmente clandestina, debe hacerse teniendo los mayores cuidados posibles y aislando completamente la cadena entre el primer recaudador pequeño y el tesorero de la organización.

Esta organización debe estar distribuida en zonas que se complementen para formar un todo, zonas que pueden ser provincias, estados, ciudades, aldeas, depende de la magnitud del movimiento. En todos ellos tiene que haber una comisión de finanzas que se ocupe de la orientación de la recaudación. Se puede recaudar dinero mediante bonos o mediante donativos directos, e incluso, ya más avanzado el proceso de la lucha, cobrar impuestos, ya que los industriales deberán hacerlos efectivos por la gran fuerza que tenga el ejército insurrecto. El abastecimiento debe condicionarse a las necesidades expuestas por las guerrillas y estará organizado en forma de ir encadenando las mercancías, de tal modo que las más comunes se logren en los lugares cercanos, buscando en los centros mayores las cosas verdaderamente escasas o imposibles de conseguir en otros puntos y así sucesivamente tratando siempre de que la cadena sea lo más limitada posible, esté en conocimiento del menor número de hombres y pueda así cumplir por más tiempo su misión.

Los sabotajes deben ser reglamentados por la organización civil en la parte externa, coordinados con el mando central. En circunstancias especiales que es muy conveniente analizar, se usará el atentado personal. En general, consideramos que este es negativo, salvo el que elimine alguna figura notablemente destacada por sus fechorías contra el pueblo y su eficacia represiva. Nuestra experiencia de la lucha cubana enseñó que se podían haber salvado muchas vidas de grandes compañeros, sacrificadas para cumplir misiones de escaso valor cualitativo y que pusieron a veces bajo el plomo enemigo, en represalia, a combatientes cuya pérdida no podía compararse con el resultado obtenido. El atentado y el terrorismo ejercitados en forma indiscriminada, no deben emplearse. Muy preferible es el trabajo sobre grandes concentraciones de gente donde se pueda inculcar la idea revolucionaria e ir haciéndola madurar, para que, en un momento dado, apoyadas por las fuerzas armadas puedan movilizarse y decidir la balanza hacia el lado de la revolución.

Para ello hay que contar también con organizaciones populares de obreros, profesionales y campesinos que vayan sembrando la semilla de la revolución entre sus respectivas masas, explicando, dando a leer las publicaciones de la rebeldía; enseñando la verdad. Porque una de las características de la propaganda revolucionaria debe ser la verdad. Poco a poco, así, se irán ganando masas y podrá ir eligiéndose entre los que hagan los mejores trabajos para incorporarlos al ejército rebelde o a algunas tareas de mucha responsabilidad.

Este es el esquema de una organización civil dentro y fuera del territorio guerrillero en un momento de lucha popular. Hay posibilidades de perfeccionar en sumo grado todas estas cosas; lo repito una vez más, es nuestra experiencia cubana la que habla por mí, nuevas experiencias pueden hacer variar y mejorar estos conceptos. Damos un esquema, no una Biblia.

3. Papel de la mujer

El papel que puede desempeñar la mujer en todo el desarrollo de un proceso revolucionario es de extraordinaria importancia. Es bueno recalcarlo, pues en todos nuestros países, de mentalidad colonial, hay cierta subestimación hacia ella que llega a convertirse en una verdadera discriminación en su contra. La mujer es capaz de realizar los trabajos más difíciles, de combatir al lado de los hombres y no crea, como se pretende, conflictos de tipo sexual en la tropa.

En la rígida vida combatiente, la mujer es una compañera que aporta las cualidades propias de su sexo, pero puede trabajar lo mismo que el hombre. Puede pelear; es más débil, pero no menos resistente que éste. Puede realizar toda la clase de tareas de combate que un hombre haga en un momento dado y ha desempeñado, en algunos momentos de la lucha en Cuba, un papel relevante.

Naturalmente, las mujeres combatientes son las menos. En los momentos en que ya hay una consolidación del frente interno y se busca eliminar lo más posible los combatientes que no presenten las características físicas indispensables, la mujer puede ser dedicada a un considerable número de ocupaciones específicas, de las cuales, una de las más importantes, quizás la más importante, sea la comunicación entre diversas fuerzas combatientes, sobre todo las que están en territorio enemigo. El acarreo de objetos, mensajes o dinero, de pequeño tamaño y gran importancia, debe ser confiado a mujeres en las cuales el ejército guerrillero tenga una confianza absoluta, quienes pueden transportarlo usando de mil artimañas y contando que, por más brutal que sea la represión, por más exigentes que sean en los registros, la mujer recibe un trato menos duro que el hombre y puede llevar adelante su mensaje o alguna otra cosa de carácter importante o confidencial. Como mensajero simple, ya sea oral o escrito, siempre la mujer puede realizar su tarea con más libertad que el hombre, al llamar menos la atención e inspirar, al mismo tiempo, menos sentimiento de peligro en el soldado enemigo; el que muchas veces comete sus brutalidades acosado por el miedo a lo desconocido que puede atacarle, pues tal es la forma de actuar de la guerrilla.

Los contactos entre fuerzas separadas entre sí, los mensajes al exterior de las líneas, aun al exterior del país e incluso, objetos de algún tamaño, como balas, son transportadas por las mujeres en fajas especiales que llevan debajo de las faldas. Pero también en esta época puede desempeñar sus tareas habituales de la paz y es muy grato para el soldado sometido a las durísimas condiciones de esta vida, el poder contar con una comida sazonada, con gusto a algo (uno de los grandes suplicios de la guerra era comer un mazacote pegajoso y frío, totalmente soso). La cocinera puede mejorar mucho la alimentación y, además de esto, es más fácil mantenerla en su tarea doméstica, pues uno de los problemas que se confrontan en las guerrillas es que todos los trabajos de índole civil son despreciados por los mismos que los hacen, y tratan siempre de abandonar esas tareas e ingresar en las fuerzas activamente combatientes.

Tarea de gran importancia de la mujer es el enseñar las primeras letras e incluso la teoría revolucionaria, a los campesinos de la zona, esencialmente, pero también a los soldados revolucionarios. La organización de escuelas, que es parte de la organización civil, debe hacerse contando fundamentalmente con mujeres que pueden inculcar mayor entusiasmo a los niños y gozan de más simpatías de la población escolar. Además, cuando ya se hayan consolidado los frentes y exista una retaguardia, las funciones de trabajadora social corresponden también a la mujer, investigando todos los males económicos y sociales de la zona con vistas a modificarlos dentro de lo posible.

En la sanidad, la mujer presta un papel importante como enfermera, incluso médico, con ternura infinitamente superior a la del rudo compañero de armas, ternura que tanto se aprecia en los momentos en que el hombre está indefenso frente a sí mismo, sin ninguna comodidad, quizás sufriendo dolores muy fuertes y expuesto a los muchos peligros de toda índole propios de este tipo de guerra.

Si ya se ha llegado a la época de la implantación de pequeñas industrias guerrilleras, la mujer puede prestar también aquí su concurso, sobre todo en la confección de uniformes, empleo tradicional de las mujeres en los países latinoamericanos. Con una simple máquina de coser y algunos moldes pueden hacerse maravillas. En todos los otros órdenes de la organización civil, la mujer presta su concurso y puede reemplazar perfectamente al hombre y lo debe hacer hasta en el caso de que falten brazos para portar armas, aunque esto es un accidente rarísimo en la vida guerrillera.

Hay que dar siempre un adecuado adoctrinamiento a las mujeres y los hombres para evitar toda clase de desmanes que puedan ir minando la moral de la tropa, pero debe permitirse, con el simple requisito de la ley de la guerrilla, que las personas sin compromisos, que se quieran mutuamente, contraigan nupcias en la sierra y hagan vida marital.

4. Sanidad

Uno de los graves problemas que confronta el guerrillero es su indefensión frente a todos los accidentes de la vida que lleva y sobre todo frente a las heridas y enfermedades, muy frecuentes en la guerra de guerrillas. El médico cumple en la guerrilla una función de extraordinaria importancia, no solo la estricta de salvar vidas, en que muchas veces su intervención científica no cuenta, dados los mínimos recursos de que está dotado, sino también en la tarea de respaldar moralmente al enfermo y de hacerle sentir que junto a él hay una persona dedicada con todos sus esfuerzos a aminorar sus males y la seguridad de que esa persona va a permanecer al lado del herido o enfermo hasta que se cure o pase el peligro.

La organización de los hospitales depende mucho del momento histórico de las guerrillas. Se pueden dar tres tipos fundamentales de organizaciones hospitalarias que corresponden a las formas de vida.

En este desarrollo histórico tenemos una primera fase nómada. En ella el médico, si es que lo hay, viaja constantemente con sus compañeros, es un hombre más, tendrá muy probablemente que hacer todas las otras funciones del guerrillero, incluso la de pelear, y tendrá sobre sí la fatigosa y a veces desesperante tarea de tratar casos en los cuales se puede salvar una vida con un tratamiento adecuado y no existen los medios para ello. Es la etapa en que el médico tiene más influencia sobre la tropa, más importancia en su moral. En este momento del desarrollo de las guerrillas, el médico alcanza a plenitud su característica de verdadero sacerdote que parece llevar para los hombres, en su mochila desprovista, el consuelo necesario. Es incalculable lo que significa para el que está sufriendo, una simple aspirina, dada por la mano amiga de quien siente y hace suyos los sufrimientos. Por eso, el médico de la primera época debe ser una persona totalmente identificada con los ideales de la revolución, pues su prédica prenderá en la tropa con mucho más vigor que la dada por cualquier otro miembro de ella.

En el curso de los acontecimientos normales de la guerra de guerrilla, se pasa a otra etapa que podríamos llamar «seminómada». En este momento hay campamentos, frecuentados por lo menos, por la tropa guerrillera; casas amigas de entera confianza donde se pueden guardar objetos e incluso dejar heridos y la tendencia cada vez más marcada de la tropa a sedentarizarse.

En este momento la tarea del médico es menos fatigosa, puede tener un equipo quirúrgico de extrema urgencia en su mochila y tener otro más vasto, para operaciones más calmas, en alguna casa amiga. Pueden dejarse los enfermos y heridos al cuidado de los campesinos que, amorosamente, prestarán su auxilio y contar con un mayor número de medicinas guardadas en lugares convenientes, las que deben estar perfectamente catalogadas, o lo mejor catalogadas posible, dentro de las circunstancias en que se vive. En esta misma etapa seminómada, si llega a haber lugares absolutamente inaccesibles se pueden establecer hospitales o casas hospitales donde vayan los heridos y enfermos a reponerse.

En la tercera etapa, cuando ya hay zonas inconquistables para el enemigo, es cuando se estructura de verdad una organización hospitalaria. En su etapa más perfecta dentro de las posibilidades, puede constar de tres centros de diferentes categorías. Al nivel de la línea de combate, debe haber un médico, el combatiente, el más querido por la tropa, el hombre de batalla, cuyos conocimientos no tienen que ser demasiado profundos; y digo esto porque la labor en aquellos momentos es más que todo de alivio y de preparación del enfermo o herido y la real tarea médica se hará en hospitales más profundamente situados. No debe sacrificarse a un cirujano de calidad en las líneas de fuego.

Cuando un hombre cae en la primera línea algunos camilleros sanitarios, si es posible, dada la organización de la guerrilla, lo llevarán al primer puesto; si no fuera así, los compañeros mismos se encargarán de este trabajo. El transporte de heridos en las zonas escabrosas es uno de los acontecimientos más delicados y uno de los percances más infortunados por el que pueda pasar un soldado. Quizá sea más duro el transporte de cualquier herido, por los sufrimientos mismos del enfermo y para la capacidad de sacrificio de la tropa, que el mismo hecho de la herida, por grave que ella sea. El transporte se puede hacer de muchas formas, de acuerdo con las características del terreno, pero en sitios escabrosos y arbolados, que son los ideales para la lucha de guerrillas, hay que caminar de uno en fondo; en esta forma, lo ideal es transportarlo en una larga pértiga, usada como travesaño, colocado el herido en una hamaca que cuelgue de ella.

Los hombres, turnándose, llevan el peso, uno adelante y otro atrás, pero rápidamente deben dejar el paso a dos compañeros más, pues los sufrimientos en los hombros son muy grandes y poco a poco se va desgastando el individuo, contando además con que lleva un peso muy considerable y delicado.

Cuando el soldado herido pasa ese primer hospital, va ya con la información de lo que se le ha hecho a un segundo centro donde hay cirujanos y especialistas, dentro de las posibilidades de la tropa, en el cual se le hacen todas las operaciones de mayor envergadura que se estime sean convenientes para salvar la vida o asegurar el estado del individuo. Este es el segundo escalón. Después, ya en el plano de tercer escalón, se constituyen hospitales con las mejores comodidades posibles para investigar directamente en las zonas afectadas las causas y los efectos del mal que pueda acosar a los habitantes de la zona. Estos hospitales del tercer grupo, ya correspondientes a una vida sedentaria, no solamente son centros de restablecimiento y de operaciones de no mucha urgencia, sino demás establecimientos en conexión con la población civil, en la que ejercen su función orientadora los higienistas. Deben fundarse también dispensarios que permitan una adecuada vigilancia individual. Los hospitales de este tercer grupo podrán tener, de acuerdo con la capacidad de abastecimiento de la organización civil, una serie de comodidades que permitan incluso el diagnóstico por laboratorio y la radiografía.

Otros individuos útiles son los ayudantes del médico; éstos, en general, son jóvenes con alguna vocación y algunos conocimientos, con bastante fortaleza física, que no tienen armas, algunos porque su vocación es esa y la mayoría de las veces porque no hay suficiente número de ellas para todos los brazos que quieran empuñarlas. Estos ayudantes serán los encargados de llevar la mayoría de los medicamentos, alguna camilla o hamaca, de ser posible, dependiendo esto de las circunstancias; tendrán que atender a los heridos en cualquier combate que se produzca.

Las medicinas necesarias deben obtenerse a través de contactos con organizaciones de sanidad que estén en la retaguardia del enemigo, aun cuando en algunos casos se pueden conseguir incluso de la organización de la Cruz Roja

Internacional, pero no se debe contar con esta posibilidad, y menos en los primeros momentos de lucha. Hay que organizar un aparato que permita traer rápidamente el medicamento necesario en caso de peligro e ir abasteciendo a todos los hospitales de lo necesario para su trabajo, tanto militar como civil. Además, deben hacerse contactos con médicos de las localidades cercanas, capaces de intervenir algunos heridos que no estén al alcance de la capacidad o de los medios con que cuenta el de la guerrilla.

Los médicos necesarios para este tipo de guerra son de varias características; el médico combatiente, el compañero de sus hombres, es el tipo de primer momento y sus funciones van finalizando a medida que se va complejizando la acción de la guerrilla y se van estructurando una serie de organismo anexos. Los cirujanos generales, son la mejor adquisición para un ejército de estas características. Si se contara con un anestesista sería mejor, aun cuando casi todas las operaciones sean realizadas más que con anestesia gasificada con la base de «largactil» y pentotal sódico, mucho más fáciles de administrar y también de conseguir y conservar. Además de los cirujanos generales, son muy útiles los ortopédicos, pues hay cantidad de fracturas provocadas por accidentes en la zona y, también, muy frecuentemente, por balas en los miembros, que producen este tipo de herida. El clínico cumple su función dentro de la masa campesina, pues en general las enfermedades de los ejércitos guerrilleros son de muy fácil diagnóstico, al alcance de cualquiera, y lo más difícil es la corrección de las mismas que se producen por carencias nutricionales.

En una etapa mucho más avanzada puede incluso haber laboratoristas, si hubiera buenos hospitales, para hacer ya una tarea completa. Se deben hacer llamados a todos los sectores profesionales cuyos servicios se necesiten, y es muy fácil que respondan a este llamado y vengan a prestar su concurso. Se necesitan profesionales de todas clases, los cirujanos son muy útiles y los dentistas también. Debe llamarse a los dentistas explicando que se incorporen con aparatos de campaña sencillos y un torno, también de campaña, con el que pueden trabajar y hacer prácticamente todos los arreglos necesarios.

5. Sabotaje

El sabotaje es una de las armas inapreciables de los pueblos que luchan en forma guerrillera. Corresponde su organización directamente a la parte civil o clandestina, pues el sabotaje se deberá hacer solamente fuera de los territorios dominados por el ejército revolucionario, como es natural, pero esta organización debe estar directamente comandada y orientada por el estado mayor de las guerrillas que será el encargado de establecer cuáles son las industrias, comunicaciones u objetivos de cualquier tipo que serán atacados con preferencia.

El sabotaje no tiene nada que ver con el terrorismo; el terrorismo y el atentado personal son fases absolutamente diferentes. Creemos sinceramente que aquella es un arma negativa, que no produce en manera alguna los efectos deseados, que pueden volcar a un pueblo en contra de determinado movimiento revolucionario y que trae una pérdida de vidas entre sus actuantes muy superior a lo que rinde de provecho. En cambio, el atentado personal es lícito efectuarlo, aunque solo en determinadas circunstancias muy escogidas; debe realizarse en casos en que se suprima mediante él una cabeza de la opresión. Lo que no puede ni debe hacerse es emplear el material humano, especializado, heroico, sufrido, en eliminar un pequeño asesino cuya muerte puede provocar la eliminación de todos los elementos revolucionarios que se empleen y aún de más, en represalia.

El sabotaje debe ser de dos tipos: un sabotaje en escala nacional sobre determinados objetivos y un sabotaje cercano a las líneas de combate. El sabotaje de escala nacional debe estar fundamentalmente destinado a destruir las comunicaciones. Cada tipo de comunicación puede ser destruido en una forma diferente; todas ellas son vulnerables. Por ejemplo, los postes telegráficos y telefónicos son fácilmente destruibles, aserrándolos casi hasta el total de modo que de noche presenten un aspecto inofensivo, y de pronto, con una patada cae un poste que arrastra en su caída a todos los que están débiles y se produce un apagón de considerable magnitud.

También se pueden atacar los puentes, dinamitándolos y, si no hay dinamita, los de acero se tumban perfectamente con soplete oxídrico. Un puente de tipo colgante de acero, debe ser cortado en su viga maestra y además en la viga superior que sostiene la estructura. Una vez cortadas al soplete estas dos vigas, se irá hacia el otro extremo, cortando también las correspondientes a ese lado. En esta forma el puente caerá completamente sobre un lado y se retorcerá, destruyéndose. Es la forma más efectiva para derribar un puente de hierro sin dinamita. Los ferrocarriles deben ser destruidos también, las vías, alcantarillas; a veces volados los trenes, dependiendo siempre del poderío de la guerrilla.

Las industrias vitales de cada región, en momentos definitivos, también serán destruidas, utilizando para ello el equipo necesario. En estos casos hay que tener una concepción global del problema y estar bien consciente de que no se puede destruir una fuente de trabajo si no es en un momento decisivo, pues lo que trae como consecuencia es un desplazamiento masivo de obreros y el hambre. Las industrias de los personeros del régimen (tratando de convencer a los obreros de la necesidad de hacerlo), deben ser eliminadas, salvo que traiga consecuencias sociales muy graves.

Insistimos en la tónica de los sabotajes sobre las vías de comunicación. La gran arma del ejército enemigo contra el rebelde, en las zonas menos abruptas, es la comunicación rápida; tenemos entonces que atacar constantemente esa arma rompiendo puentes de ferrocarril, alcantarillados, luz eléctrica, teléfonos, también acueductos, en fin, todo lo que es necesario para una vida normal y moderna.

En la cercanía de las líneas de combate, el sabotaje debe ser cumplido también en la misma forma, pero con mucha más audacia, con mucha más dedicación y frecuencia. Para estos casos se cuenta con un auxiliar inestimable como son las patrullas volantes del ejército guerrillero que pueden bajar hasta estas zonas y ayudar a los miembros de la organización civil para realizar la tarea. También el sabotaje debe ejercerse primordialmente sobre las comunicaciones, pero con mucha mayor insistencia; además, liquidar todas las fábricas, todos los centros de producción capaces de dar al enemigo algo necesario para mantener su ofensiva contra las fuerzas populares.

Debe insistirse sobre la apropiación de mercancías, cortar los abastecimientos lo más posible, amedrentar, si es necesario, a los grandes terratenientes que pretendan vender sus productos agropecuarios, quemar los vehículos que transiten por las carreteras y bloquearlas con ellos, y es conveniente en cada acción de sabotaje, a más o menos distancia, en determinadas encrucijadas, que se trabe contacto frecuente con el ejército enemigo, siempre siguiendo el sistema de pegar y huir. No es necesario hacer una resistencia seria, simplemente demostrarle al adversario que en el lugar donde se produce un sabotaje hay fuerzas de la guerrilla, dispuestas a combatir y obligarlo a llevar muchas tropas, ir con cuidado o no ir.

Así poco a poco, se irán paralizando todas las ciudades cercanas a las zonas de operaciones guerrilleras.

6. Industria de guerra

La industria de guerra, dentro del panorama del ejército guerrillero, es ya el producto de una evolución bastante larga y, además, indica que se está en una situación geográfica benevolente para la guerrilla. En el momento en que ya hay zonas liberadas y se establecen cercos estrictos sobre todos los abastecimientos por parte del enemigo, se organizarán diferentes departamentos necesarios —como ya lo hemos tratado—. En cuanto al industrial, hay dos fundamentales; la zapatería y talabartería es uno de ellos. No puede caminar una tropa sin zapatos, en zonas boscosas, quebradas, con muchas piedras, con espinas. Es muy difícil marchar en estas condiciones y solamente los nativos de allí, y no todos, podrán hacerlo. El resto debe estar calzado. La industria se divide en dos partes, una para poner medias suelas y clavetear los zapatos averiados; el otro grupo se dedicará a la confección de zapatos toscos; debe contar con todo un pequeño aparato de zapatería, muy fácil de conseguir en esos territorios por constituir una industria artesanal practicada por mucha gente. Anexa a la zapatería debe ir siempre una talabartería donde se haga toda clase de implementos de uso común en la tropa como cananas y mochilas, trabajos que pueden realizarse en lona o cuero y que, si bien no son vitales, contribuyen a la comodidad y dan una sensación de autoabastecimiento, de autobienestar en la tropa.

Otra industria fundamental para las pequeñas organizaciones internas de la guerrilla, es la armería. Tiene también varias funciones; la de reparación simple de piezas averiadas, de todos los fusiles y otras armas que hay allí; la de fabricación de algunos tipos de armas de combate que la inventiva popular creará y la confección y manejo de minas de variados mecanismos.

Cuando las condiciones son buenas conviene adjuntarle un equipo encargado de la fabricación de pólvora. Si se puede fabricar, además de los mecanismos percutores, el explosivo dentro del territorio libre, puede llegarse a brillantes realizaciones en este capítulo, que es muy importante, pues se paralizan completamente las comunicaciones por carretera mediante el empleo adecuado de las minas.

Hay otra serie de industrias que también tienen su importancia. La herrería y hojalatería, por ejemplo. En la herrería se hacen todos los trabajos para el aperaje de los mulos; también se pueden hacer las herraduras; y en la hojalatería los trabajos de latón, de los cuales muy importantes son los platos y sobre todo las cantimploras; anexo a esta hojalatería puede estar un departamento de fundición. Fundiendo los metales blandos, se puede hacer una fábrica de granadas, que con algún dispositivo de tipo especial vaya a contribuir de manera importante al armamento de la tropa. Debe haber un equipo técnico de reparaciones y de construcciones en general que puedan hacer determinadas y variadas funciones; lo que se llama en un cuartel «batería de servicio» y que en este caso constituiría más o menos una batería de este tipo, pero encargada de atender sin vestigio de espíritu burocrático, todas las necesidades.

De las comunicaciones debe haber también un encargado. Este tendrá a su cargo no solo las comunicaciones de tipo propagandístico y relacionado con el mundo exterior, como el radio sino también los teléfonos, caminos de todos tipos, contando con la organización civil necesaria para cumplir con efectividad su cometido. Recuérdese que estamos en época de guerra, que podemos ser atacados por el enemigo y que, a veces, muchas vidas dependen de una comunicación a tiempo.

Para la satisfacción de la tropa es bueno tener fábricas de tabacos o cigarros, comprando la hoja en los lugares elegidos, llevándola hacia territorio libre y haciendo allí el material para el consumo de los soldados. Otra industria de mucha importancia es el curtido. Todas estas son empresas sencillas que se pueden realizar perfectamente dondequiera adaptándose a la situación de la guerrilla. El curtido requiere algunas pequeñas construcciones de cemento y sobre todo, consume mucha sal, pero va a dar una enorme ventaja a la industria del calzado, al tener su materia prima allí. La sal debe hacerse en el terreno mismo de la revolución, concentrándose en grandes cantidades.

Para hacerla es necesario llegar a lugares de alta concentración salina y evaporarla. El mar es la mejor fuente. Puede haber otras, no es necesario purificarla de toda una serie de sales adjuntas, simplemente se puede consumir en esa forma aunque al principio tiene un sabor no muy grato.

La carne debe conservarse en forma de tasajo, bastante sencillo de hacer y que puede salvar muchas vidas en una situación extrema para las tropas. Se puede conservar en grandes toneles con sal durante un tiempo bastante largo y se prepara cualesquiera que sean las circunstancias externas.

7. La propaganda

La difusión de la idea revolucionaria a través de los vehículos necesarios para ella, debe hacerse con la mayor profundidad posible. Esto lleva aparejado todo un equipo y una organización que lo respalde. Esta organización debe ser de dos tipos y complementarse para cubrir todo el ámbito nacional; desde fuera, es decir la organización civil nacional, y desde dentro, es decir en el seno del ejército guerrillero. Para coordinar estas dos propagandas, cuya función está estrechamente unida, debe haber un solo organismo director.

La propaganda de tipo nacional desde organizaciones civiles fuera del territorio liberado, debe hacerse con periódicos, boletines y proclamas. Los periódicos más importantes se ocuparán de las cosas generales del país e irán informando al público la situación exacta de las fuerzas guerrilleras, atendiendo siempre al principio fundamental de que la verdad, a la larga, resulta beneficiosa para los pueblos. Además de estas publicaciones de tipo general, debe haber otras más especializadas para diversos sectores de la población. La publicación campesina debe traer a esta clase un mensaje de sus compañeros de todas las zonas liberadas que ya han sentido los efectos beneficiosos de la revolución y difundir por ese medio las aspiraciones del campesinado. Un periódico obrero de las mismas características, con la sola diferencia que no siempre habrá un mensaje de la parte combatiente de la clase, pues es fácil que no existan organizaciones obreras en el marco de una guerra de guerrillas, en etapa que no sea de las postreras.

Deben explicarse las grandes consignas del movimiento revolucionario, la consigna de la huelga general en el momento oportuno, de la ayuda a las fuerzas rebeldes, de la unidad, etc. Pueden publicarse algunos otros periódicos, de acción por ejemplo explicando la tarea de los elementos de toda la isla no combatientes en la guerrilla, que se ocupan sin embargo de diversos actos de sabotaje, de atentados, etc. Dentro de la organización puede haber periódicos destinados a los soldados enemigos donde se les explique una serie de hechos desconocidos por ellos. Los boletines y proclamas de actualidad del movimiento son muy útiles.

La propaganda más efectiva es la que se hará desde dentro de la zona guerrillera. Se dará preferencia a la difusión de las ideas para los naturales de la zona, explicando teóricamente el hecho, para ellos conocido, de la insurrección. En esta sección habrá también periódicos campesinos, el órgano general de todas las fuerzas guerrilleras y boletines y proclamas, además del radio.

Por radio se explicarán todos los problemas, la forma de defenderse de los ataques aéreos, por dónde están las fuerzas enemigas, citando nombres familiares. La propaganda de tipo nacional contará con los periódicos del mismo tipo que los anteriores, pero podrán narrarse una serie de hechos, de batallas que interesan fundamentalmente al lector, noticias mucho más frescas y más exactas que lo que pueda hacerlo nadie. En la información internacional se limitará exclusivamente o casi exclusivamente a comentar hechos que se vinculen directamente con la lucha de liberación.

La propaganda que será más efectiva, a pesar de todo, la que se hará sentir más libremente en todo el ámbito nacional y la que llegará a la razón y a los sentimientos del pueblo, es la oral por radio. La radio es un elemento de extraordinaria importancia. En los momentos en que la fiebre bélica está más o menos palpitante en cada uno de los miembros de una región o de un país, la palabra inspiradora, inflamada, aumenta esa misma fiebre y la impone en cada uno de los futuros combatientes. Explica, enseña, enardece, determina en amigos y enemigos sus posiciones futuras. Sin embargo la radio debe regirse por el principio fundamental de la propaganda popular, que es la verdad; es preferible decir la verdad, pequeña en cuanto a dimensiones efectistas, que una gran mentira cargada de oropel. En radio se deben dar sobre todo, noticias vivas, de combates, encuentros de todo tipo, asesinatos cometidos por la represión y, además, orientaciones doctrinales, enseñanzas prácticas a la población civil, y de vez en cuando discursos de los jefes de la revolución.

Consideramos útil que el periódico fundamental del movimiento lleve un nombre que recuerde algo grande y unificador, ya sea el de un héroe del país u otro semejante y explicar siempre en artículos de fondo hacia dónde va ese movimiento armado, ir formando conciencia de los grandes problemas nacionales y manteniendo, además, una serie de secciones de un interés más vibrante para el lector.

8. Información

«Conócete a ti mismo y a tu adversario y podrás librar cien batallas sin un solo desastre.» Este aforismo chino vale para la guerra de guerrillas como salmo bíblico. No hay nada que ayude más a las fuerzas combatientes que la correcta información. Esta tendrá un aspecto espontáneo, dado por los habitantes del lugar que irán a contar a su ejército amigo, a sus aliados, lo que ocurre en tal o cual lugar pero, además, debe estar perfectamente estructurada. Así como vimos que debería haber postas, correos, etc., dentro de las zonas guerrilleras para los contactos necesarios y fuera de la misma, para llevar mercancías la información deberá estar directamente y fundamentalmente en contacto con los frentes enemigos; deben allí infiltrarse los hombres y las mujeres, sobre todo mujeres, estar en contacto permanente con los soldados y paulatinamente ir averiguando lo averiguable. Hay que establecer también el sistema de coordinación, para que el cruce de las líneas enemigas al campo guerrillero se realice sin tropiezo.

Si se hace bien y con agentes capaces, se podrá dormir más tranquilamente en el campamento insurrecto.

Esta información abarcará como línea fundamental, como ya dije, toda la primera línea de fuego o los primeros campamentos enemigos que estén en contacto con la tierra de nadie; pero, además, debe irse progresando a medida que va progresando también la guerrilla y aumentando su potencialidad para prever movimientos de tropa más grandes, más profundos, que puedan hacerse en la retaguardia enemiga. Todos los habitantes son agentes de información de la guerrilla, en los lugares donde ella domina o incursiona, pero es bueno tener personas especialmente destacadas para estos requisitos, porque no se puede confiar en las palabras del campesino; acostumbrado a exagerar y poco acostumbrado al preciso lenguaje guerrero y, si se logra ir modelando y organizando las formas espontáneas de colaboración popular se podrá hacer del aparato de información, no solo el auxiliar importantísimo que es, sino también, un agente contraofensivo, por medio, por ejemplo, de las «sembradoras de miedo» que pueden ir con noticias desalentadoras entre la soldadesca, fingiéndose afines a ellos pero sembrando el miedo y la inestabilidad entre la tropa enemiga. La movilidad, táctica primordial, se puede desarrollar al máximo; conociendo exactamente los lugares por donde la tropa enemiga va a atacar, es muy fácil huirle o, a su vez, atacarla en los sitios más inesperados.

9. Entrenamiento y adoctrinamiento

El entrenamiento del soldado libertador, en lo fundamental, es la propia vida de la guerrilla y no puede existir un jefe que no haya aprendido en el ejercicio diario de las armas su difícil oficio. Podrá convivir con algunos compañeros que vayan enseñándole algo del manejo de armas, de las nociones de orientación, de la forma de tratar a la población civil, de pelear, etc., pero no se consume, no se distrae el precioso tiempo de la guerrilla en una enseñanza metodizada. Eso solo ocurre cuando ya hay un área grande liberada y se necesitan gran cantidad de brazos que cumplan una función combativa. Entonces se fundan las escuelas de reclutas.

Estas escuelas cumplen en ese momento una función importantísima; van a dar el nuevo soldado, el que viene ya sin pasar por ese gran tamiz que es para la guerrilla las privaciones formidables de la vida combatiente. Al primero, las privaciones soportadas lo convierten en un verdadero elegido, después de haber pasado por pruebas dificilísimas para llegar a incorporarse al reino de un ejército mendigo que no deja huellas de su paso por ningún lado. Deben hacerse ejercicios físicos, fundamentalmente de dos tipos: una gimnasia ágil con enseñanzas para la guerra de tipo comando, agilidad en el ataque y en la retirada, y marchas violentas, extenuantes, que vayan endureciendo al recluta para esta existencia. Realizar, sobre todo, vida al aire libre. Sufrir todas las inclemencias del tiempo en un estrecho contacto con la naturaleza, como se hace en guerrilla.

La escuela de reclutas tiene que tener trabajadores que atiendan su autoabastecimiento; para ello debe haber establos, granjas, huertos, vaquería, todo la necesario para que no pese sobre el presupuesto general del ejército guerrillero. Los alumnos podrán ser rotativos en el trabajo de abastecimiento, mandarse castigados los más malos o, simplemente de voluntarios.

Eso depende ya de características propias de la zona donde se vaya a realizar la escuela. Nosotros creemos que un buen principio es el de poner allí a voluntarios y cubrir las cuotas de trabajo necesario con los que tengan peor conducta o menos disposición para el aprendizaje de la guerra.

Debe tener la escuela su pequeña organización de sanidad, con un médico o enfermero, de acuerdo con las posibilidades, que brinde a los reclutas la mejor atención posible. El tiro es el aprendizaje fundamental. El guerrillero debe ser un hombre de mucha preparación en ese punto, tratando de gastar la menor cantidad posible de parque. Empieza haciendo lo que se llama tiro en seco. Consiste en un armatoste cualquiera de palo, donde el rifle se asienta firmemente. Los reclutas apuntan sin mover el fusil a un blanco situado en una zona determinada que se va moviendo de uno a otro lado sobre un fondo que permanece firme. Si los tres tiros dan en un solo punto es excelente. Cuando hay un poquito más de posibilidades se pueden empezar las prácticas de tiro con riflecitos calibre 22, de mucha utilidad en estos casos. En circunstancias especiales, en que sobre parque o haya mucha necesidad de preparar algunos soldados, se les dará la oportunidad de hacer disparos con balas.

Una de las materias más importantes de la escuela de reclutas, que teníamos nosotros como básica, y que puede darse o no en cualquier otro lugar del mundo, son los ataques aéreos. Nuestra escuela había sido perfectamente identificada desde el aire y centralizaban sus ataques, una o dos veces diarias sobre el campamento. La forma en que el alumno resistía el embate de estos continuos bombardeos sobre sus lugares de instrucción habituales era algo que prácticamente definía a estos muchachos sobre sus posibilidades para ser un soldado útil durante la contienda.

La parte importante, la que nunca se debe descuidar en la escuela de reclutas, es el adoctrinamiento, importante porque los hombres llegan a ingresar sin una concepción clara de por qué vienen, solamente con conceptos totalmente difusos sobre la libertad, la libertad de prensa, etc., sin fundamento lógico alguno. Por ello el adoctrinamiento debe hacerse durante el mayor tiempo posible y con la mayor dedicación. Durante esos cursos se darán las nociones elementales de la historia del país, explicados con un sentido claro de los hechos económicos, de los hechos que motivan cada uno de los actos históricos; los héroes nacionales, su forma de reaccionar frente a determinadas injusticias y, después, un análisis de la situación nacional o de la situación de la zona: una cartilla escueta que sea bien estudiada por todos los miembros del ejército rebelde, de modo que pueda servir esto de esqueleto a la que viene más tarde.

Además, debe existir una escuela de capacitación para maestros donde precisamente se pongan de acuerdo sobre los textos elegidos, sobre la experiencia que pueda aportar cada uno en el aspecto educacional.

Se debe impulsar en todo momento la lectura, también tratando de elegir los libros para que no se pierda el tiempo en cosas que no dejen absolutamente ningún sedimento, ir dando la facilidad al recluta de que entre en contacto con el mundo de las letras y con los grandes problemas nacionales. Las lecturas progresivas serán impulsadas por una vocación que vaya surgiendo en él o por imposición de las circunstancias actuantes a su alrededor que despertará inquietudes nuevas en los soldados, y esta situación se logrará con trabajo, poco a poco, cuando las escuelas de reclutas vayan demostrando en su tarea rutinaria las ventajas enormes de los hombres que han pasado por ésta sobre el resto de la tropa, su capacidad de análisis de los problemas, su disciplina superior, que es otra de las cosas, que debe enseñarse fundamentalmente en la escuela de reclutas.

Una disciplina que es interna, que debe estar perfectamente justificada por razones, no mecánica, y que da unos resultados formidables en momentos de combate.

10. La organización estructural del ejército de un movimiento revolucionario

Como ya hemos visto, un ejército revolucionario de tipo guerrillero, cualquiera que sea la zona de operaciones, debe contar además con una organización no combatiente que le preste una serie de apoyos importantísimos para su misión. Veremos entonces que toda esta organización converge hacia el ejército para prestarle su máxima ayuda pues, evidentemente, será la lucha armada el factor esencial del triunfo.

La organización militar se hace sobre la base de un jefe, en el caso de la experiencia cubana Comandante en Jefe, que nombre a su vez los diferentes comandantes de regiones o de zonas, con potestad éstos para gobernar su territorio de acción, para nombrar comandantes de columna, es decir jefes de cada columna, y los demás grados inferiores. Después de comandante en jefe estarían los jefes de zona, es decir un comandante con varias columnas donde haya otros comandantes subordinados a él cuyo tamaño variará de acuerdo con las circunstancias. Después, comandante de columna, capitán y, en nuestra organización guerrillera, teniente que es el último grado. Es decir, se asciende de soldado a teniente.

No es un modelo, es la descripción de una realidad, de cómo operó en un país y cómo con esa organización se pudo llegar a obtener el triunfo sobre un ejército bastante bien organizado y armado. No es de ninguna manera, y en este caso menos que en otros, una ejemplarización. Simplemente es mostrar cómo se van sucediendo los hechos, cómo puede organizarse una fuerza armada. No tienen importancia los grados, en definitiva; lo que tiene importancia es que nunca se dé el grado que no corresponda a la fuerza efectiva de combate que haya, que no se dé un grado que esté reñido con la moral y con la justicia, que no haya sido pasado por el tamiz del sacrificio y de la lucha.

Esta descripción que hemos dado anteriormente es de un ejército importante, ya en vías de presentar un combate serio, y no la primera imagen de la guerrilla, donde el jefe puede llevar el grado que guste, pero comanda solo un pequeño grupo de hombres.

De todas las medidas de organización militar, una de las más importantes es la corrección disciplinaria. La disciplina debe ser (esto hay que recalcarlo una y otra vez) una de las bases de acción de la fuerza guerrillera, debe ser, también lo hemos dicho anteriormente, una fuerza que nazca de una convicción interna y esté perfectamente razonada; de allí surge un individuo con disciplina interior. Cuando esta disciplina se rompe hay que castigar siempre al que lo hizo, cualquiera que sea su jerarquía, castigarlo drásticamente y aplicar el castigo donde duela.

Es importante esto, porque el dolor de un soldado guerrillero no se manifiesta en la misma forma que el dolor de un soldado de cuartel. El castigo de dejar diez días en un calabozo a un soldado constituye, en la guerrilla, un descanso formidable; diez días donde hará lo único que no puede dejar de hacer, que es comer, durante los cuales no caminará, no trabajará, no hará las guardias acostumbradas y podrá dormir todo lo que quiera, descansar, leer, etc. De esto se deduce que la privación de la libertad, como único castigo, en las situaciones de la guerrilla, no es aconsejable.

Hay casos, cuando es muy alta la moral de combate del individuo, cuando su amor propio es considerable, en que la privación de su derecho a ir armado puede provocar una reacción positiva y constituir un verdadero castigo para el individuo. En estos casos, conviene aplicarla.

Este penoso incidente lo demuestra: en el ataque a una de las ciudades de Las Villas, en los días postreros de la guerra, encontramos un individuo dormido en un sillón, mientras atacaban unas posiciones en medio del pueblo. El hombre respondió al interrogatorio que estaba allí durmiendo porque le habían quitado el arma, se le dijo entonces que esa no era manera de reaccionar, que había sido castigado por una imprudencia suya (se le había escapado un tiro) y que esa arma la debía recuperar pero no así sino en primera línea de combate.

Pasaron pocos días y en el asalto final a la ciudad de Santa Clara, en las primeras arremetidas contra la ciudad, cuando estábamos visitando el hospital de sangre, un moribundo que allí estaba extendió su mano recordando ese hecho que he narrado anteriormente y afirmando que había sido capaz de recobrar su arma y se había ganado el derecho a portarla. Poco después moría.

Ese era el grado de moral revolucionaria que había logrado nuestra tropa con el ejercicio continuo de la lucha armada. No puede lograrse en los primeros días, cuando todavía hay muchos miedos, muchas corrientes subjetivas que van frenando la influencia de la revolución, pero se logra al final con el trabajo, el ejemplo continuo.

Pueden ser castigos también las guardias nocturnas largas y las marchas forzadas, pero las marchas tienen el grave defecto de que no son prácticas porque no tienen otro fin que el de castigar y estar consumiendo al individuo, llevando guardianes que también se cansan, para que se realicen; y las guardias tienen el inconveniente de que hay que poner gente a vigilar los castigados, soldados de muy escasa mentalidad revolucionaria.

En las fuerzas directamente a mi mando impuse el castigo de arresto con privación de golosinas o cigarros, en casos leves, y ayuno total, en casos peores. El resultado era magnífico, aunque el castigo sea terrible y solo aconsejable en circunstancias muy especiales.

Capítulo IV. Apéndices

1. Organización en la clandestinidad de la primera guerrilla

Aunque la guerra de guerrillas cumple una serie de leyes derivadas de las generales de la guerra y, además, las propias de su tipo, es obvio que debe iniciarse con una tarea conspirativa alejada de la acción del pueblo y reducida a un pequeño núcleo de iniciados, si realmente se pretende empezar esta guerra desde algún otro país o desde regiones distintas y lejanas dentro del mismo país. Si el movimiento guerrillero nace por la acción espontánea de un grupo de individuos que reaccionan contra un método de coerción cualquiera, es posible que no se necesite otra condición que la organización posterior de ese núcleo guerrillero para impedir su aniquilamiento, pero en general, una lucha de guerrilla se inicia por una voluntad ya elaborada; algún jefe de prestigio la levanta para la salvación de su pueblo, y este hombre debe trabajar en condiciones difíciles en algún otro país extranjero.

Casi todos los movimientos populares que se han intentado en los últimos tiempos contra los dictadores, han adolecido de la misma falla fundamental de una inadecuada preparación; es que las reglas conspirativas, que exigen un trabajo sumamente secreto y delicado, no se cumplen por lo general en estos casos que hemos citado; lo más frecuente es que el poder gobernante en el país sepa ya de las intenciones del grupo o grupos, por su servicio secreto o por imprudencia manifiesta o en algunos casos, por manifestaciones directas como ocurrió en el nuestro en que la invasión estaba anunciada y sintetizada en la frase: «en el año 56 seremos libres o seremos mártires», de Fidel Castro.

Esto indica que la primera base sobre la que debe establecerse el movimiento, es sobre un secreto absoluto, sobre la total ausencia de informaciones para el enemigo y la segunda, también muy importante, es la selección del material humano; a veces esta selección se realiza fácilmente, otras es extremadamente difícil hacerlo, puesto que hay que contar con los elementos que haya a mano, exilados por muchos años, o que se presentan al hacerse llamamientos o simplemente porque entienden que es su deber enrolarse en la lucha por liberar a su patria, etc., y no hay las bases necesarias para hacer una investigación completa sobre el individuo. No obstante todo ello, aun cuando se introdujeran elementos del régimen enemigo, es imperdonable que puedan dar posteriormente sus informaciones, puesto que en los momentos previos a la acción deben concentrarse en lugares secretos conocidos por una o dos personas solamente, todos los que van a participar en la misma, estrechamente vigilados por sus jefes y sin el más mínimo contacto con el mundo circundante. Mientras se hacen los preparativos de concentración para salir ya o porque hay que hacer un entrenamiento previo o simplemente huir de la policía, hay que mantener siempre a todos los elementos nuevos y sobre los que no se tiene un cabal conocimiento, alejados de los lugares claves.

Nadie, absolutamente nadie, debe saber, en condiciones de clandestinidad, sino lo estrictamente indispensable y nunca se debe hablar delante de nadie. Cuando ya se hayan realizado ciertos tipos de concentración, es imprescindible controlar hasta las cartas que salen y llegan, de modo de tener un conocimiento total de los contactos que el individuo haga; no se debe permitir que nadie viva solo, ni siquiera que salga solo, deben evitarse por todos los medios los contactos personales, de cualquier índole, del futuro miembro del Ejército libertador. Un factor sobre el que hay que poner énfasis, que suele ser aquí tan negativo, como positivo su papel en la lucha, es la mujer; se conoce la debilidad que tienen los hombres jóvenes, alejados de sus medios habituales de vida, en situaciones incluso psíquicas especiales, por la mujer, y como los dictadores conocen bien esta debilidad, a ese nivel tratan de infiltrar sus espías. A veces son claros y casi descarados los nexos de estas mujeres con sus superiores, otros es sumamente difícil descubrir siquiera el más mínimo contacto, por ello también es necesario impedir las relaciones con mujeres.

El revolucionario que está en la situación clandestina, preparándose para una guerra, debe ser un perfecto asceta y además sirve esto para probar una de las cualidades que posteriormente será la base de la autoridad, como es la disciplina. Si un individuo reiteradamente burla las órdenes de sus superiores y hace contactos con mujeres; contrae amistades no permitidas, etc., debe separársele inmediatamente, no ya contando los peligros potenciales de contactos, sino simplemente por violación de la disciplina revolucionaria.

No se debe pensar nunca en el auxilio incondicional de un gobierno como base para operar en territorio de ese gobierno, amigo o simplemente negligente; constantemente hay que tratar la situación, como si se estuviera en un campo completamente enemigo, salvo las naturales excepciones que puedan haber en este campo pero, más que nada confirmatorias de la regla general.

No se puede hablar aquí del número de la gente que se va a preparar. Depende eso de tantas y tan variadas condiciones que es prácticamente imposible hacerlo; solamente se puede hablar del número mínimo con que se puede iniciar una guerra de guerrillas. En mi concepto, considerando las naturales deserciones y flaquezas, a pesar del rigurosísimo proceso de selección, debe contarse con una base de treinta a cincuenta hombres; esta cifra es suficiente para iniciar una lucha armada en cualquier país del mundo americano con las situaciones de buen territorio para operar, hambre de tierra, ataques reiterados a la justicia, etc.

Las armas, ya se ha dicho, deben ser del tipo que usa el enemigo. Como medida aproximada, considerando siempre en principio todo gobierno como hostil a una acción guerrera emprendida desde su territorio, los núcleos que se preparan no deben ser superiores a los cincuenta o 100 hombres por unidad; es decir, no hay ninguna oposición a que sean 500 hombres que van a iniciar una guerra, por ejemplo, pero no deben estar los 500 concentrados. Primero porque son muchos y llaman la atención y luego, porque en caso de cualquier traición, de cualquier interferencia, de cualquier confidencia, cae todo el grupo; en cambio, es mucho más difícil ocupar simultáneamente varios lugares.

La casa central de reunión puede ser más o menos conocida y allí irán los exilados a dar reuniones de todo tipo, pero, los jefes no deben presentarse sino muy esporádicamente y no debe existir allí ningún documento comprometedor; la mayor cantidad de casas y lo más discretas posible deben tener los jefes. Los depósitos de armas absolutamente secretos con el conocimiento de solo una o dos personas, y también distribuidos en varias partes, si es posible.

El armamento siempre debe ser trasladado a las manos de quienes lo van a usar en los minutos en que ya se esté frente a la iniciación de la guerra, también para evitar que cualquier acción punitiva contra los que se están entrenando traiga aparejada no solo la prisión de éstos, sino, la pérdida de todas las armas que son muy difíciles de conseguir y con un gasto que no están en disponibilidad de hacer las fuerzas populares.

Otro factor al que hay que dar la importancia que se merece es la preparación de las fuerzas para la lucha durísima que ha de seguir, fuerzas que deben tener una disciplina estricta, una alta moral, y una cabal comprensión de la tarea a realizar, sin baladronadas, sin espejismos, sin falsas esperanzas de triunfo fácil; la lucha será áspera y larga, se sufrirán reveses, podrán estar al borde del aniquilamiento y solo su alta moral, su disciplina, su fe final en el triunfo y las condiciones excepcionales de un líder podrán salvarlo. Esa es nuestra experiencia cubana donde, una vez, doce hombres pudieron crear el núcleo del ejército que se formó, porque se cumplían todas estas condiciones y porque quien los dirigía se llamaba Fidel Castro.

Además de los preparativos ideológicos y morales, es necesario un preparativo minucioso de tipo físico; evidentemente, las guerrillas elegirán una zona montañosa o muy agreste para operar; de todas maneras, en cualquier situación que se encuentren, la base del ejército guerrillero es la marcha y no podrá haber lentos ni cansados; la preparación eficiente se entiende pues, como marchas agotadoras de día y de noche, uno y otro día, aumentándolas paulatinamente y llevándolas siempre al borde de la extenuación, creando también emulación para la velocidad; velocidad y resistencia, serán las bases del primer núcleo guerrillero; además se puede dar una serie de conocimientos teóricos como orientación, lecturas de mapas, formas de sabotajes y si es posible, con fusil de guerra, muchos disparos, sobre todo a blancos a distancia y mucha instrucción sobre las formas de utilizar las balas.

El guerrillero debe ir teniendo por delante como premisa casi religiosa, el ahorro del parque, el aprovechamiento hasta de la última bala; si se cumplen todas las advertencias dadas, es muy fácil que lleguen estas fuerzas guerrilleras a su punto de destino.

2. Defensa del poder conquistado

Naturalmente, no hay victoria definitivamente obtenida si no se procede a la ruptura sistemática y total del ejército que sostenía al régimen antiguo. Más aún, se debe ir a la ruptura sistemática de toda la institucionalidad que amparaba al antiguo régimen, solo que esto es un manual de guerrillas y nos concretaremos entonces a analizar la tarea de la defensa nacional en caso de guerra, en caso de agresión contra el nuevo poder.

El primer acontecimiento con que nos encontraremos es que la opinión pública mundial, «la prensa seria», las «veraces» agencias de noticias de los Estados Unidos y de otras patrias del monopolio, comenzarán un ataque contra el país liberado, que será tan agresivo y sistemático como agresivas y sistemáticas sean sus leyes de reivindicación popular. Es por esto que no puede existir ni siquiera el esquema del antiguo ejército y tampoco los hombres que lo integraban. El militarismo, la obediencia mecánica, los conceptos del deber militar a la antigua, de la disciplina y de la moral a la antigua, no pueden ser desarraigados de golpe, menos aún, permanecer en estado de convivencia los triunfadores, aguerridos, nobles, bondadosos pero, casi siempre sin la más mínima cultura general y el derrotado, orgulloso de su saber militar, especializado en alguna arma de combate por ejemplo, o con conocimientos de matemáticas, de fortificaciones, de logística, etc., odiando con todas sus fuerzas al guerrillero inculto.

Naturalmente, se dan los casos individuales de los militares que rompen con todo ese pasado y entran en la nueva organización con un espíritu de absoluta cooperación. Cuando esto sucede, doblemente útiles son los mismos, por el hecho de que aúnan a su amor por la causa del pueblo los conocimientos necesarios para llevar adelante la estructuración del nuevo ejército popular. Y una cosa debe ser consecuencia de la otra, es decir, a la ruptura del ejército antiguo, a su desmembramiento como institución, conseguida por la toma de todas las posiciones por el nuevo ejército, debe suceder inmediatamente una organización del nuevo. Vale decir, su vieja constitución de guerrilla, individualizada, caudillista en cierto sentido, sin ninguna planificación, podrá ser cambiada pero, y eso es muy importante recalcarlo, debe estructurarse a partir de los conceptos operacionales de la guerrilla, dándole al ejército popular su formación orgánica, es decir, haciéndole a la medida del ejército guerrillero la ropa que necesita para estar cómodo. No se debe cometer el error en que caímos nosotros en los primeros meses, de pretender meter en los viejos ropajes de la disciplina militar y de la organización antigua al nuevo ejército popular. Esto puede llevar a desajustes muy grandes que conducen a una falta total de organización.

Ya en estos momentos debe iniciarse la preparación para la nueva guerra defensiva que tuviera que desarrollar el ejército del pueblo, acostumbrado a la independencia de mando dentro de un criterio único, con mucha dinámica en el manejo de cada grupo armado. Dos problemas inmediatos tendrá este ejército: uno de ellos será que, en la oleada de la victoria, se incorporarán, muy probablemente, miles de revolucionarios de última hora: buenos o malos, a los cuales hay que hacer pasar por los rigores de la vida guerrillera y por cursos acelerados e intensivos de adoctrinamiento revolucionario. El adoctrinamiento revolucionario que dé la necesaria unidad ideológica al ejército del pueblo, es la base de la seguridad nacional a largo, y aun a corto plazo. El otro problema es la dificultad para adaptarse a las nuevas modalidades organizativas.

Debe estructurarse inmediatamente un cuerpo que se encargue de sembrar entre todas las unidades del ejército las nuevas verdades de la revolución. Ir explicando a los soldados, campesinos u obreros salidos de las entrañas del pueblo, la justicia y la verdad de cada hecho revolucionario, cuáles son las aspiraciones de la revolución, por qué se lucha, por qué han muerto todos los compañeros que no alcanzaron a ver la victoria. Y, unido a este adoctrinamiento intensivo, deben darse también acelerados cursos de enseñanza primaria que permitan, al principio, superar el analfabetismo, para ir gradualmente superando al Ejército revolucionario hasta convertirlo en un instrumento de alta base técnica, sólida estructura ideológica y magnífico poder combatiente.

El tiempo irá dando estas tres cualidades. Podrá después ir perfeccionándose el aparato militar para que los antiguos combatientes, pasando por cursos especiales, se dediquen a ser militares profesionales y se vayan dando cursos anuales de enseñanza al pueblo, en forma de conscripción obligatoria o voluntaria. Esto depende ya de características nacionales y no se puede sentar pautas.

En este punto, y de aquí hacia adelante, todo lo que se diga es la opinión de la dirección del Ejército rebelde con respecto a la política a seguir en el caso cubano, para el hecho concreto de una amenaza de invasión extranjera, colocados en el mundo actual, fines del 59 o principios del 60, y con el enemigo a la vista, analizado, avaluado y esperado sin temores; es decir no teorizamos sobre lo ya hecho para conocimiento de todos, sino que teorizamos sobre lo hecho por otros para aplicarlo nosotros mismos a nuestra defensa nacional.

Como se trata de teorizar sobre el caso cubano, colocar nuestra hipótesis sobre el mapa de las realidades americanas y echarlas a andar, presentamos, como epílogo, este Análisis de la situación cubana su presente y su futuro.

Epílogo. Análisis de la situación cubana, su presente y
su futuro

Ya ha pasado más de un año desde la fuga del dictador, corolario de una larga lucha cívica y armada del pueblo cubano. Las realizaciones del Gobierno en el campo social, económico y político son enormes, sin embargo, es preciso realizar un análisis, colocar cada término en su justo valor y mostrar al pueblo la exacta dimensión de nuestra Revolución cubana. Es que esta revolución nacional, agraria fundamentalmente, pero con la participación entusiasta de obreros, de gente de la clase media y, aún hoy con el apoyo de industriales, ha adquirido trascendencia continental y hasta mundial, amparada en la inquebrantable decisión de su pueblo y las peculiares características que la animan. No se trata de hacer una síntesis, por más apretada que sea, del cúmulo de leyes aprobadas, todas ellas de indudable beneficio popular. Bastaría colocar sobre algunas el énfasis necesario mostrando al mismo tiempo el encadenamiento lógico que nos lleva, desde la primera hasta la última, en una escala progresiva y necesaria de atención estatal a las necesidades del pueblo cubano.

Se da el primer toque de atención contra las esperanzas de las clases parasitarias del país, cuando son decretadas, en rápida sucesión, la ley de alquileres, la rebaja del fluido eléctrico y la intervención de la compañía telefónica con la subsiguiente rebaja de tarifas. Empezaron a sospechar, quienes pretendían ver en Fidel Castro y en los hombres que hicieron esta Revolución unos politiqueros a la vieja usanza, o unos tontos manejables, con barbas como único distintivo, que había algo más hondo emergiendo del seno del pueblo cubano y que sus prerrogativas estaban en peligroso trance de desaparecer. La palabra comunismo empezó a rondar alrededor de las figuras de sus dirigentes, de los guerrilleros triunfadores y, consecuentemente, la palabra anticomunismo, como posición dialéctica contraria, empezaba a nuclear a todos los resentidos o los desposeídos de sus injustas prebendas.

La ley de solares yermos o la de la venta a plazos, fueron creando también esta sensación de malestar entre los capitales usurarios. Pero estas eran pequeñas escaramuzas con la reacción; todo era bueno y posible, «ese muchacho loco» de Fidel Castro podía ser aconsejado y llevado a los buenos senderos «democráticos» por un Dubois o un Porter. Había que tener esperanzas en el futuro.

La ley de Reforma agraria fue una tremenda sacudida; la mayoría de los afectados vio claro ya. Antes que ellos, el vocero de la reacción, Gastón Baquero,[8] había apuntado con línea certera lo que pasaría y se había retirado a las más

---

8   Gastón Baquero (Banes, Cuba, 4 de mayo de 1914-Madrid, 15 de mayo de 1997) escritor y poeta, fue miembro del grupo Orígenes y

tranquilas aguas de la dictadura española. Todavía algunos pensaron que «la ley es la ley», que ya otros gobiernos habían promulgado algunas teóricamente buenas para el pueblo; el cumplimiento de las leyes era otra cosa. Y ese niño travieso y complicado que tenía por nombre familiar el de su sigla, INRA,[9] fue mirado al inicio con displicente y enternecedor paternalismo desde los altos muros de la ciencia infusa de las doctrinas sociales y de las respetables teorías de las finanzas públicas, a donde no llegaban las mentalidades incultas y absurdas de los guerrilleros. Pero el INRA avanzó como un tractor o un tanque de guerra, que a la vez tractor y tanque es, rompiendo a su paso las cercas del latifundio y creando las nuevas relaciones sociales de tenencia de la tierra. Esta Reforma agraria cubana asomaba con varias características importantes en América. Era, si antifeudal en cuanto además de eliminar el latifundio —en las condiciones cubanas— suprimía todos los contratos que supusieran pagar en especie la renta de la tierra y liquidaba las relaciones de servidumbre que se mantenían fundamentalmente en el café y el tabaco, entre nuestros grandes productos agrícolas. Pero también era una reforma agraria que se hacía en un medio capitalista para destruir la presión del monopolio contra las posibilidades de los seres humanos, aislados o reunidos en colectividad, de trabajar su tierra honradamente y producir sin miedo al acreedor o al amo.

Tenía la característica que desde el primer momento iba a asegurar a los campesinos y trabajadores agrícolas, a los que se les daba la tierra, el apoyo técnico necesario por medio de su personal idóneo y también de su maquinaria y

---

jefe de redacción del periódico conservador *Diario de la Marina*. (*N. del E.*)

9   Siglas del Instituto nacional de reforma agraria. (*N. del E.*)

el apoyo financiero por medio de los créditos que otorgaba el INRA o los bancos paraestatales y el gran apoyo de la «Asociación de tiendas del pueblo», que se ha desarrollado grandemente en Oriente y está en proceso de desarrollo en otras provincias, donde los almacenes estatales desplazan al antiguo «garrotero» pagando un precio justo por las cosechas y dando también una refacción justa.

De todas las características diferenciales con las otras tres grandes reformas agrarias de América (México, Guatemala y Bolivia), la que parecía más importante es la decisión de llevarla hasta el final, sin contemplaciones ni concesiones de ninguna clase. Esta Reforma agraria integral no respeta derecho alguno que no sea el derecho del pueblo ni se ensaña contra ninguna clase o nacionalidad; igual cae el peso de la ley sobre la United Fruit Company o el King Ranch, como sobre los latifundistas criollos.

Bajo estas condiciones, la producción de materias importantísimas para el país como el arroz, granos oleaginosos y algodón, se desarrolla intensamente y se hace centro del proceso de planeación; pero la Nación no está satisfecha y va a rescatar todas sus riquezas conculcadas. Su rico subsuelo, escena de las luchas monopolistas y campo de su voracidad, es prácticamente rescatado por la ley de petróleo. Esta, como la Reforma agraria y todas las demás dictadas por la Revolución, responde a necesidades insoslayables de Cuba, a urgencias inaplazables de un pueblo que quiere ser libre, que quiere ser dueño de su economía, que quiere prosperar y alcanzar metas cada vez más altas del desarrollo social. Pero, por eso mismo, es un ejemplo continental que los monopolios petroleros temen. No es que Cuba dañe sustancial y directamente al monopolio petrolero, pues no hay razón ninguna para considerar al país como un emporio del preciado combustible, aunque haya razonables esperanzas de obtener un abastecimiento que satisfaga las necesidades internas. En cambio, muestra el ejemplo palpitante de su ley a los pueblos hermanos de América, muchos de ellos pasto de esos monopolios e impulsados otros a guerras intestinas para satisfacer necesidades o apetencias de trusts adversarios y muestra, a la vez, la posibilidad de hacerlo en América, señalando al mismo tiempo la hora exacta en que se debe pensar en efectuarlo. Los grandes monopolios vuelven también su mirada inquieta a Cuba; no solamente se ha osado liquidar en la pequeña isla del Caribe el omnipotente legado de Mr. Foster Dulles[10] a sus herederos, la United Fruit Company, sino que además se ha golpeado al imperio del señor Rockefeller, y el grupo de la Deutch[11] también sufre el ramalazo de la intervención de la Revolución popular cubana.

Esta ley, como la de minas, son las respuestas del pueblo a quienes pretenden doblegarlo con amagos de fuerza, con incursiones aéreas, con castigos de cualquier tipo. Algunos afirman que la ley de minas es tan importante como la de Reforma agraria. En general, para la economía del país, consideramos que no llega a esa importancia, pero sucede ahora otro fenómeno nuevo: el 25 % de impuesto sobre el total del producto exportado, que deben pagar las compañías que venden nuestro mineral al extranjero (dejando ahora algo más que un hueco en nuestro territorio) no solo contribuye al bienestar cubano, sino que aumenta la potencia relativa de los monopolios canadienses en su lucha con los actuales explotadores de nuestro níquel. He aquí que la Revolución

10 John Foster Dulles (25 de febrero de 1888-24 de mayo de 1959) fue represente legal, lobista de la United Fruit Company y secretario de Estado bajo el mandato del presidente Dwight D. Eisenhower. (*N. del E.*)
11 Referencia indeterminada. (*N. del E.*)

cubana, que liquida el latifundio, limita las ganancias de los monopolios extranjeros, las de los intermediarios extranjeros con capitales parásitos que se dedican al comercio de importación y lanza al mundo una política nueva en América, osa también romper el status monopolista de los gigantes de la minería y deja a uno de ellos en dificultades, por lo menos. Ya esto significa un nuevo poderoso llamado de atención hacia los vecinos de una de las más grandes patrias del monopolio, pero, también tiene su repercusión en América entera. La Revolución cubana rompe todas las barreras de las empresas de noticias y difunde su verdad como un reguero de pólvora entre las masas americanas ansiosas de una vida mejor. Cuba es el símbolo de la nueva nacionalidad y Fidel Castro el símbolo de la liberación.

Por una simple ley de gravitación, la pequeña isla de los 114.000 kilómetros cuadrados y 6 millones y medio de habitantes, asume la dirección de la lucha anticolonial en América en la que hay claudicaciones serias que le permiten tomar el heroico, glorioso y peligroso puesto de avanzada. Las naciones menos débiles económicamente de la América colonial, las que desarrollan a tropezones su capitalismo nacional en lucha continua, a veces violenta y sin cuartel, contra los monopolios extranjeros, van cediendo su sitio gradualmente a esta pequeña nueva potencia de la libertad, pues sus gobiernos no se encuentran con las fuerzas suficientes para llevar a cabo la lucha. Es que ésta no es sencilla, ni está libre de peligros ni exenta de dificultades y es preciso tener un pueblo entero detrás y una carga enorme de idealismo y de espíritu de sacrificio para llevarla a cabo en las condiciones casi solitarias en que nosotros lo estamos haciendo en América. Pequeños países intentaron antes mantener este puesto; Guatemala, la Guatemala del quetzal, que muere cuando se le aprisiona en la jaula, la Guatemala del indio Tecún Umán,[12] cayó ante la agresión directa de los colonialistas; y Bolivia, la de Morillo,[13] el protomártir de la independencia americana, cedió ante las dificultades terribles de la lucha, a pesar de haberse iniciado dando tres de los ejemplos que sirvieron fundamentalmente a la Revolución cubana: la supresión del ejército, la Reforma agraria y la nacionalización de sus minas —a la vez, fuente máxima de riquezas y máxima fuente de tragedia.

Cuba conoce los ejemplos anteriores, conoce las caídas y las dificultades, pero conoce también que está en el amanecer de una nueva era del mundo; los pilares coloniales han sido barridos ante el impulso de la lucha nacional y popular tanto en Asia como en África. Ya las tendencias a la unificación de los pueblos no están dadas por sus religiones, por sus costumbres, por sus apetencias, afinidades o faltas de afinidad racial; está dada por la similitud económica de sus condiciones sociales y por la similitud de su afán de progreso y de recuperación. Asia y África, se dieron la mano en Bandung, Asia, y África vienen a darse la mano con la América colonial e indígena, a través de Cuba, aquí en La Habana.

Por otro lado, las grandes potencias colonialistas han cedido terreno ante la lucha de los pueblos. Bélgica y Holanda, son dos caricaturas de imperio; Alemania e Italia perdieron sus colonias. Francia se debate en la amargura de una guerra que tiene perdida, e Inglaterra, diplomática y hábil, liquida el poder político manteniendo las conexiones económicas.

12 Tecún Umán fue un guerrero y último líder de los mayas en Guatemala. (*N. del E.*)
13 Pedro Domingo Murillo (La Paz, 17 de septiembre de 1757-La Paz, 29 de enero de 1810) fue considerado precursor de la independencia de Bolivia. (*N. del E.*)

El capitalismo norteamericano reemplazó algunos de los viejos capitalismos coloniales en los países que iniciaron su vida independiente, pero sabe que esto es transitorio y que no hay un afincamiento real en el nuevo territorio de sus especulaciones financieras: podrán absorber como el pulpo, pero no aplicar las ventosas firmemente como él. La garra del águila imperial está limada. El colonialismo ha muerto en todos estos lugares del mundo o está en proceso de muerte natural.

América es otra cosa. Hace tiempo que el león inglés quitó sus fauces golosas de nuestra América y los jóvenes y simpáticos capitalistas yanquis instalaron la versión «democrática» de los clubes ingleses e impusieron su dominación soberana en cada una de las veinte repúblicas.

Esto es el feudo colonial del monopolio norteamericano, el «traspatio de su propia casa», su razón de vivir en este momento y su única posibilidad de hacerlo; si todos los pueblos latinoamericanos levantaran la bandera de la dignidad, como Cuba, el monopolio temblaría, tendría que acomodarse a una nueva situación político-económica y a podas sustanciales de sus ganancias. Al monopolio no le gusta podar sus ganancias y el ejemplo cubano —este «mal ejemplo» de dignidad nacional e internacional— está cundiendo entre los países de América. Cada vez que un pueblo desgarrado lanza su grito de liberación, se acusa a Cuba; y es que en alguna forma Cuba es culpable, es culpable porque ha mostrado un camino, el camino de la lucha armada popular contra los ejércitos supuestamente invencibles, el camino de la lucha en los lugares agrestes para desgastar y destruir al enemigo fuera de sus bases; el camino de la dignidad, en una palabra.

Mal ejemplo el cubano, muy mal ejemplo. No puede dormir tranquilo el monopolio mientras este mal ejemplo permanezca de pie, de frente a los peligros, avanzando hacia el futuro. Hay que destruirlo, gritan sus voceros.

Hay que intervenir en ese bastión «comunista», gritan los sirvientes del monopolio disfrazado de representantes a la Cámara. «Nos provoca mucha inquietud la situación cubana», dicen los más ladinos defensores del trust, pero todos sabemos que quieren decir: «Hay que destruirla».

Bien ¿cuáles son estas posibilidades de agresión tendiente a destruir el mal ejemplo? Hay una que podríamos llamar económica pura. Se inicia esta posibilidad restringiendo los créditos de bancos y proveedores norteamericanos para todos los comerciantes, los bancos nacionales y el mismo Banco Nacional de Cuba; se restringen en Norteamérica y se trabaja por medio de sus asociados para hacerlo en todos los países de Europa occidental, pero esto solo no es suficiente.

La negativa a conceder créditos provoca un primer impacto fuerte sobre la economía, pero inmediatamente ésta se rehace y la balanza comercial se nivela, acostumbrándose el país víctima a vivir al día. Hay que seguir presionando. La cuota azucarera empieza a entrar en la danza; que sí, que no, que no, que sí. Apresuradamente, las máquinas de calcular de las agencias del monopolio sacan toda clase de cuentas y se llega a la conclusión final: muy peligroso disminuir la cuota cubana, imposible anularla. ¿Por qué muy peligroso? Porque además de lo impolítico que puede ser, sencillamente esto despierta las apetencias de diez o quince países proveedores y creará un tremendo malestar entre todos ellos, que siempre se considerarán con derecho a algo más. Imposible quitarla, porque Cuba es el mayor, más eficaz y más barato proveedor de azúcar a los Estados Unidos y porque el 60 % de los intereses que están en contacto directo con la producción o comercialización del azúcar, pertenecen a ese país. Además, la balanza comercial es favorable a los Estados Unidos; quien no vende no puede comprar, y habría que dar el mal ejemplo de la ruptura de un tratado. Pero no para allí la cosa: el pretendido regalo norteamericano de pagar cerca de 3 centavos por encima del mercado, es solamente el resultado de su incapacidad para producir azúcar barata. Los altos niveles de salarios y la baja productividad del suelo, impiden a la gran potencia producir el azúcar a los precios cubanos y, amparados en este precio mayor que pagan por un producto, imponen tratados onerosos a todos los beneficiarios, no solamente a Cuba. Imposible liquidar la cuota cubana.

No consideramos seriamente la posibilidad de que el monopolio haya pretendido hacer de los bombardeos y los incendios de cañaverales una variante económica al provocar la consiguiente escasez del producto. Más bien parece una medida tendiente a sembrar la desconfianza en el poderío del Gobierno revolucionario (el cadáver destrozado del mercenario norteamericano, mancha de sangre algo más que una casa cubana, también una política, y, ¿qué decir de la gigantesca explosión de las armas destinadas al Ejército rebelde?).

Hay otros lugares vulnerables donde la economía cubana se puede presionar; los abastecimientos de materias primas, el algodón, por ejemplo.

Sin embargo, se sabe bien que de algodón hay superproducción en el mundo y que sería transitoria cualquier dificultad de ese tipo. ¿Combustible?, es una llamada de atención; puede paralizarse un país sin combustible y Cuba produce muy poco petróleo, tiene algunos alquitranes que pueden operar sus máquinas de caldera y algún alcohol con el que en definitiva podrá hacer andar sus vehículos, además, también hay mucho petróleo en el mundo. El Egipto puede vender, la Unión Soviética puede vender, quizás el Irak pueda vender en poco tiempo. No se puede desarrollar una estrategia económica pura.

Dentro de las posibilidades de agresión, si a esta variante económica se le agregan algunas interferencias de alguna «potencia» de bolsillo, Santo Domingo por ejemplo, se molestaría algo más, pero en definitiva deberían intervenir las Naciones Unidas y no se llegaría a nada concreto.

Incidentalmente, los nuevos caminos seguidos por la OEA[14] crean un peligroso precedente de intervención. Escudándose en el manido pretexto trujillista, el monopolio se solaza construyendo su viaducto de agresión. Triste es que la democracia venezolana nos haya puesto en el brete de tener que negar una intervención contra Trujillo. Qué buen servicio se ha hecho a los piratas del Continente.

Dentro de las nuevas posibilidades de agresión está la eliminación física por medio del atentado al antiguo «muchacho loco», Fidel Castro, que se ha convertido ya en el centro de las iras de los monopolios. Naturalmente, habría que tomar medidas para que los otros dos peligrosos «agentes internacionales», Raúl Castro y el que esto escribe, fueran eliminados también. Es una solución apetecible y si diera resultado satisfactorio en un triple acto simultáneo o al menos en la cabeza dirigente, sería beneficioso para la reacción (pero no se olviden del pueblo, señores monopolistas y sirvientes de adentro, del pueblo omnipotente que ante un crimen semejante arrasaría y aplastaría con su furia a todos aquellos que tuvieran algo que ver directa o indirectamente con el atentado en cualquier grado a los jefes de la Revolución, sin que nada ni nadie pueda detenerlo).

14 Siglas de la Organización de Estados americanos. (*N. del E.*)

Otro aspecto de la variante Guatemala es presionar sobre los abastecimientos de armas cubanas hasta obligarla a comprar en países comunistas para desatar entonces más rígidamente su lluvia de improperios. Puede dar resultado: «puede ser que nos ataquen por "comunistas", pero no nos van a eliminar por imbéciles» dijo alguien en nuestro Gobierno.

Se va perfilando entonces la necesidad de una agresión directa por parte de los monopolios y hay muchas posibilidades que estarán barajadas y estudiadas en las máquinas IBM con todos sus procesos calculados. Se nos ocurre en este momento que puede existir la variante española, por ejemplo.

La variante española sería aquella en que se tomara un pretexto inicial: exilados, con la ayuda de voluntarios, voluntarios que por supuesto serían mercenarios o simplemente soldados de una potencia extranjera, bien apoyados por marina y aviación, muy bien apoyados para tener éxito, diríamos. Puede ser también la agresión directa de un Estado, como Santo Domingo, que mandara algunos de sus hombres, hermanos nuestros, y muchos mercenarios a morir a estas playas para provocar el hecho de la guerra, el hecho de que obligara a las candorosas patrias del monopolio, a decir que no quieren intervenir en esta lucha «desastrosa» entre hermanos, que se concretarán a congelarla y limitarla a los planos actuales, que vigilarán sus acorazados, cruceros, destructores, portaviones, submarinos, barreminas, torpederos, además de aviones, los cielos y mares de esta parte de América y pudiera suceder que, mientras a los celosos guardianes de la paz continental no se les pasara un solo barco que trajera nada para Cuba, lograrán «eludir» la «férrea» vigilancia algunos, muchos o todos los barcos que fueran a la desgraciada patria de Trujillo. También podrían intervenir a través de algún «prestigioso» organismo interamericano, para poner fin a la «loca guerra» que el «comunismo» desatara en nuestra isla, o, si ese mecanismo de ese «prestigioso» organismo americano no sirviera, podrían intervenir directamente en su nombre para llevar la paz y proteger los intereses de connacionales, creando la variante de Corea.

Quizás el primer paso de la agresión no sea contra nosotros sino contra el Gobierno constitucional de Venezuela para liquidar el último punto de apoyo en el continente. Si esto sucede, es posible que el centro de la lucha contra el colonialismo abandone a Cuba y se sitúe en la gran patria de Bolívar. El pueblo de Venezuela saldrá a defender sus libertades con todo el entusiasmo de quien sabe que está dando la batalla definitiva, que tras la derrota está la más lóbrega tiranía y tras la victoria el definitivo porvenir de América y un reguero de luchas populares pueden asaltar la paz de los cementerios monopolistas en que se han convertido nuestras hermanas subyugadas.

Podrían alegarse muchas cosas contra la factibilidad de la victoria enemiga, pero hay dos fundamentales: una externa, que es el año 1960, el año de los pueblos subdesarrollados, el año de los pueblos libres, el año en que por fin se harán respetar y para siempre las voces de los millones de seres que no tienen la suerte de ser gobernados por los poseedores de los medios de muerte y pago, pero además, y razón más poderosa aún, que un ejército de 6 millones de cubanos empuñarán las armas como un solo individuo para defender su territorio y su Revolución, que esto será un campo de batalla donde el ejército no ha de ser nada más que una parte del pueblo en armas, que después de destruido en una lucha frontal, cientos de guerrillas con mando dinámico, con una sola orientación central, darán la batalla en cada lugar del país, que en las ciudades los obreros se harán matar al pie de sus fábricas o centros de trabajo y en los campos, los campesinos darán muerte al invasor detrás de cada palma o de cada surco de los nuevos arados mecánicos que la Revolución les diera.

Y por los caminos del mundo, la solidaridad internacional, creará una barrera de cientos de millones de pechos protestando contra la agresión. Verá el monopolio cómo se sacuden sus pilares carcomidos y cómo es barrida de un soplo la tela de araña de su cortina de mentiras elaborada por las «P». Pero, supongamos que se atrevan contra la indignación popular del mundo: ¿qué pasará aquí adentro?

Lo primero que salta a la vista, dada nuestra posición de isla fácilmente vulnerable, sin armas pesadas, con una aviación y una marina muy débiles, es la aplicación esencial del concepto guerrillero a la lucha de defensa nacional.

Nuestras unidades de tierra lucharán con el fervor, la decisión, el entusiasmo de que son capaces los hijos de la Revolución cubana en estos años gloriosos de su Historia; pero en el peor de los casos estamos preparados para seguir siendo unidades combatientes aún después de la destrucción de la estructura de nuestro ejército en un frente de combate. En otras palabras, frente a grandes concentraciones de fuerzas enemigas que lograran destruir la nuestra, se transformaría inmediatamente en un ejército guerrillero, con amplio sentido de movilidad, con el mando ilimitado de sus jefes a nivel de la columna pero, sin embargo, con un mando central situado en algún lugar del país, que daría las órdenes oportunas y fijará la estrategia general en todos los casos. Las montañas serían la defensa última de la vanguardia armada organizada del pueblo, que es el Ejército rebelde, pero la lucha se dará en cada casa del pueblo, en cada camino, en cada monte, en cada pedazo del territorio nacional por el gran ejército de retaguardia que es el pueblo entero, adiestrado y armado en la forma que después puntualizaremos.

Al no tener nuestras unidades de infantería armas pesadas, se centrará su acción en la defensa antitanque y la defensa antiaérea. Muchas minas, infinidad de ellas, bazookas o granadas antitanques, cañones antiaéreos de gran movilidad, serán las únicas armas de cierto poder, amén de algunas baterías de morteros. El soldado de infantería veterano, con armas automáticas, sabrá, no obstante, el valor del parque. Lo cuidará con amor. Instalaciones especiales de recarga de cartuchos acompañarán a cada unidad de nuestro ejército, manteniendo, aun en condiciones precarias, reservas de parque.

La aviación probablemente sea mal herida en los primeros momentos de una invasión de este tipo. Estamos haciendo el cálculo para una invasión por una potencia extranjera de primera magnitud o mercenario de alguna pequeña potencia, apoyadas subrepticiamente o no, por esa gran potencia de primera magnitud. La aviación nacional como dije, será destruida, o casi destruida, se mantendrán solamente los aviones de reconocimiento y los de enlace, sobre todo los helicópteros, para todas las funciones menores.

La marina tendrá también su estructura adecuada a esta estrategia móvil; pequeñas lanchas mostrarán la menor superficie al enemigo manteniendo la máxima movilidad; siempre en estos casos, como en cualquiera de los anteriores, la gran desesperación del ejército enemigo será el no encontrar nada sólido contra lo cual chocar; todo será una masa gelatinosa, movediza, impenetrable, que va retrocediendo y, mientras hiere en todos lados, no presenta un frente sólido.

Pero no es fácil que el ejército del pueblo, que está preparado para seguir siendo ejército, pese a su derrota en una batalla frontal, sea derrotado. Dos grandes masas de población están unidas alrededor de él: los campesinos y los obreros. Ya los campesinos han dado señales de su eficacia deteniendo a la pequeña pandilla que merodeaba por los alrededores de Pinar del Río. En su gran mayoría, esos campesinos serán preparados en sus lugares de origen; pero los jefes de pelotón y los superiores serán preparados, como ya lo están siendo, en nuestras bases militares. De allí se distribuirán a través de las treinta zonas de desarrollo agrario en que ha sido dividido el país para constituir otros tantos centros de lucha campesina, encargados de defender al máximo sus tierras, sus conquistas sociales, sus nuevas casas, sus canales, sus diques, sus cosechas florecientes, su independencia; en una palabra, su derecho a la vida.

Presentarán al principio también una firme oposición a cualquier avance del enemigo pero, si éste es muy fuerte, se dividirán, y cada campesino durante el día será un pacífico cultivador de su tierra y, en la noche, será el temible guerrillero, azote de las fuerzas enemigas. Algo semejante ocurrirá con los obreros; también los mejores entre ellos se prepararán para después jefaturar a sus compañeros y encargarse de impartirles las nociones de defensa que se darán. Cada tipo social, sin embargo, tendrá tareas distintas; el campesino hará la lucha típica del guerrillero y debe aprender a ser un buen tirador, aprovechar todas las dificultades del terreno y a desaparecer sin dar la cara nunca; el obrero, en cambio, tiene a su favor el hecho de estar dentro de una fortaleza de enormes dimensiones y eficacia, como es una ciudad moderna, y al mismo tiempo la dificultad de no tener movilidad.

El obrero aprenderá, lo primero, a cerrar las calles con barricadas hechas con cuanto vehículo, mueble o utensilio haya, a utilizar cada manzana como una fortaleza comunicada por agujeros hechos en las paredes interiores, a usar la terrible arma de defensa que es el «cóctel molotov» y a saber coordinar su fuego desde las aspilleras innumerables que ofrecen las casas de una ciudad moderna.

Entre la masa obrera, asistida por la Policía nacional y las Fuerzas armadas encargadas de la defensa de las ciudades, se hará un bloque de ejército poderoso, pero que deberá ser extremadamente sacrificado. No se puede pensar que la lucha en las ciudades en estas condiciones va a alcanzar la facilidad y elasticidad de la lucha campesina: caerán —o caeremos— muchos en esta lucha popular; el enemigo utilizará tanques que serán rápidamente destruidos cuando el pueblo aprenda a ver sus lados flacos y también a no temerles, pero antes dejará su saldo de víctimas.

También existirán organizaciones afines a éstas de obreros y campesinos. En primer lugar, las milicias estudiantiles, dirigidas y coordinadas por el Ejército rebelde, que contendrá la flor y nata de la juventud estudiosa; organizaciones de la juventud en general que participarán en la misma forma y organizaciones de mujeres, que darán el enorme estímulo de la presencia femenina, harán los trabajos tan importantes de asistencia a los compañeros de lucha: cocinar, curar heridos, dar las últimas caricias a los moribundos, lavar, en fin, demostrar a los compañeros de armas que nunca falta su presencia en los momentos difíciles de la Revolución. Todo esto se logra por un amplio trabajo organizativo de las masas pero, además, se logra con una educación paciente y completa de las mismas, educación que nace o tiene su cimiento en los conocimientos elementales pero que debe centralizarse sobre la explicación razonada y veraz de los hechos de la Revolución.

Las leyes revolucionarias deben ser comentadas, explicadas, estudiadas, en cada reunión, en cada asamblea, en cada lugar donde exponentes de la Revolución se den cita para cualquier cosa. Constantemente, además, deben leerse también, comentarse y discutirse los discursos de los jefes, y particularmente, en nuestro caso, del líder indiscutido, para ir orientando a las masas, al mismo tiempo que deben reunirse para escuchar en los campos, por las radios o, en lugares de más avanzado nivel técnico, con televisores esas magníficas lecciones populares que suele dar nuestro Primer ministro.

El contacto del pueblo con la política, es decir, el contacto del pueblo con la expresión de sus anhelos hechos leyes, decretos y resoluciones, debe ser constante. La vigilancia revolucionaria sobre toda manifestación contra ella debe ser constante también y, dentro de las masas revolucionarias, la vigilancia de su moral debe ser más estricta, si cabe, que la vigilancia contra el no revolucionario o el desafecto. No se puede permitir, so pena de que la revolución inicie el peligroso camino del oportunismo, el que ningún revolucionario, de ninguna categoría y por ningún concepto, sea perdonado de faltas graves contra el decoro o la moral, por el hecho mismo de ser revolucionario. Pudiera eso constituir en todo caso, algo como una atenuante y puede estar siempre presente durante el castigo el recuerdo de sus anteriores méritos, pero el hecho en sí, debe ser siempre castigado.

El culto al trabajo; sobre todo al trabajo colectivo y con fines colectivos, debe ser desarrollado. Brigadas de voluntarios, que construyan caminos, puentes, muelles o diques, que construyan ciudades escolares, que vayan constantemente uniéndose, demostrando su amor a la revolución con los hechos, deben recibir un gran impulso.

Un ejército que esté compenetrado de tal forma con el pueblo, que sienta tan íntimamente en él al campesino o al obrero de donde surgió, que conozca además toda la técnica especial de su guerra y esté preparado psicológicamente para las peores contingencias, es invencible, y más invencible será cuando más carne se haga en el ejército y en la ciudadanía la justa frase de nuestro inmortal Camilo: «El Ejército es el pueblo uniformado». Por eso, por todo eso, a pesar de lo necesario que es para el monopolio la supresión del «mal ejemplo» cubano, nuestro futuro es más luminoso que nunca.

Libros a la carta

A la carta es un servicio especializado para
empresas,
librerías,
bibliotecas,
editoriales
y centros de enseñanza;
y permite confeccionar libros que, por su formato y concepción, sirven a los propósitos más específicos de estas instituciones.

Las empresas nos encargan ediciones personalizadas para marketing editorial o para regalos institucionales. Y los interesados solicitan, a título personal, ediciones antiguas, o no disponibles en el mercado; y las acompañan con notas y comentarios críticos.

Las ediciones tienen como apoyo un libro de estilo con todo tipo de referencias sobre los criterios de tratamiento tipográfico aplicados a nuestros libros que puede ser consultado en Linkgua-ediciones.com.

Linkgua edita por encargo diferentes versiones de una misma obra con distintos tratamientos ortotipográficos (actualizaciones de carácter divulgativo de un clásico, o versiones estrictamente fieles a la edición original de referencia).

Este servicio de ediciones a la carta le permitirá, si usted se dedica a la enseñanza, tener una forma de hacer pública su interpretación de un texto y, sobre una versión digitalizada «base», usted podrá introducir interpretaciones del texto fuente. Es un tópico que los profesores denuncien en clase los desmanes de una edición, o vayan comentando errores de interpretación de un texto y esta es una solución útil a esa necesidad del mundo académico.

Asimismo publicamos de manera sistemática, en un mismo catálogo, tesis doctorales y actas de congresos académicos, que son distribuidas a través de nuestra Web.

El servicio de «libros a la carta» funciona de dos formas.

1. Tenemos un fondo de libros digitalizados que usted puede personalizar en tiradas de al menos cinco ejemplares. Estas personalizaciones pueden ser de todo tipo: añadir notas de clase para uso de un grupo de estudiantes, introducir logos corporativos para uso con fines de marketing empresarial, etc. etc.

2. Buscamos libros descatalogados de otras editoriales y los reeditamos en tiradas cortas a petición de un cliente.

www.ingramcontent.com/pod-product-compliance
Lightning Source LLC
LaVergne TN
LVHW040133180726
843489LV00005B/1738